社会科プロ発！
"ICT活用"
ヒント事典

～授業アップデートのアイデア50～

佐々木英明・山方貴順

［編著］

学芸みらい社
GAKUGEI MIRAISHA

はじめに

　一人一台の学習者端末が実現して３年目に入ります。１年目は、休校や学級閉鎖への対応措置としてオンライン学習のためのツールとみなされてきた学習者端末ですが、元来はGIGAスクール構想の実現に向けた教育改革の一環として時間をかけて配備される予定でした。

　実現２年目に入り、現場では様々な使い方が吟味される一方で、「使うことが目的化してしまい、よい授業にならない」といった批判や、「教育の機会均等の理念に反する」といった理由から、端末使用に消極的な先生、学校も見受けられます。「まずは使ってみよう」という時期は過ぎつつあります。勤務校でも、「ICT縛りで研究を進めることで、研究主題、副主題との整合性を図るのが難しかった」という反省が出たり、子どもがどんな活動をするときにも、目的や意図を考えずに、「先生、Google Formsでアンケートをとってもよいですか」と質問をしてきたりする場面が見られます。

　様々な難しさも見えてきたICTですが、一方で、社会科は他の教科に比べて親和性が高いとも言われています。社会科の学びの基本には、「調べる」という活動があるからです。今こそ、社会科授業で「効果的な活用」を実現し、ICTがもつ効率の良さや情報量の多さを生かし、新しい学びのスタイルを確立する時が来ていると思います。そのために、「何ができるのか」「今後どのようなことができそうか」とICTの特性を理解するとともに、これからの可能性を見据えた活用を目指していきたいものです。ICTの活用によって社会科授業をアップデートできれば、子どもはこれまで以上によりよく社会に関わる力を育んでいけることでしょう。

　１章では、社会科の授業実践を長年にわたって積み重ねてきたプロの教師たちがICTを活用した新しい社会科学習のモデルを提案しています。読者の皆さんには、ご自身の日常の実践を振り返りながら、ICTの出番について考えていただければと思います。

　２章では、「社会科授業でICTを活用すると何がどう変わるか」という本稿のタイトルをテーマに、ICT活用によって従来型の社会科授業の変革を目指した社

会科教師３名による現時点での見解と、今後の展望について述べています。また、日常における端末活用や、社会科授業場面における素朴な疑問をピックアップし、山方、中里、佐々木の３名で答える「Q＆A」も掲載しています。こちらもぜひ、ご一読ください。皆さんのICT活用に対する疑問や不明点が少しでも晴れたら嬉しく思います。

　ICTによって、これまでできなかったことができるようになったのは教育の世界だけではありません。各業界や各種団体、NPO法人に至るまで、コロナ禍によってICT活用の出番は爆発的に増えました。それらの中には、ウェブページの読者を意識してより多くの人々に自分たちの取り組みを理解してもらおうと考え、様々な工夫が施されるようになっているものもあります。対象のターゲットを「子ども」に向けて改善する団体も多くあり、オンライン工場見学も一般用だけでなく「学校用」を設置して、見学と出前授業の二本立てで提供している団体も見られるようになってきました。その他にも、小学生向けにキャラクターを交えた解説動画をアップしたり、ウェブ上にゲームをアップしシミュレーション活動で理解を促したりする会社も出てきました。この動きは、今後さらに勢いを増すことでしょう。ICTの世界においても、「社会に開かれた教育課程」はこれまでにないスピードで進んでいるのです。

　読者の皆さんが本書の50の技をきっかけとして、楽しみながら学びを深めることのできる実践を増やし、様々な社会との結び付きの中で子どもを育てていけることを願っています。

佐々木英明

目次

4

第2章　〜社会科授業で ICT を活用すると何がどう変わるか〜

プロが目指す授業でICT
―活用の出番はどこか―

■社会科における ICT 活用の出番

　従来、社会科では調べ学習でウェブページを開いて読む活動をしてきました。しかし、その多くは教師が調べさせたいページを限定して表示し、その中で読み取ったことをまとめさせる実践が多かったのではないかと思います。これからは、「個別最適な学び」と「協働的な学び」を一体的に進める中で、子どもが社会認識を深め、社会参画意識を向上させていくことが求められています。

　そのためには、子ども自身が調べる資料を探し出す力が必要です。このことは、文部科学省が示した「情報活用能力調査結果（別冊）公表問題の結果と解説」における「指導改善の視点」の中にも、「多様なテキストから必要な情報を取り出す学習活動を、さまざまな場面で取り入れる」と明記されています。すなわち、多様な社会の姿から多角的・多面的な見方・考え方を鍛える社会科の授業においてこそ、子ども自身がウェブページを検索して、情報の信ぴょう性を吟味しながら読み取り、まとめる力を育てていく必要があるのです。

　また、GIGA スクール構想の骨格にある「協働的な学び」の実現に向けて、子ども同士の学び合いを効率的、加速度的に行うための活用も大事な視点です。これは、Googleを始めとする ICT 各社が用意している「共同編集機能」の活用に他なりません。これまで、グループで話し合ってきたことを全体の場面で発表するのは、アナログ媒体を用いた KJ 法が主流でした。また、学級全体の話し合いでは、教師が挙手で大まかな立場の傾向をつかみつつ、少数意見を引き出して全体へ広げる関わりが必須でした。ただ、大勢の前で発言することが苦手な子どもの考えを取り上げることは難しく、結局は発言力のある子どもの意見で進んでいく授業が多かったことでしょう。

　しかし今では、Google Forms や Jamboard によって、学級の子どもたちの考えの傾向性をつかむことや発言が苦手な子どもの考えを表出させることが以前よりずっと簡単にできるようになりました。共同編集機能によって、授業の中でより多くの子どもの考えを反映させることができるようになったのです。

　プログラミング教育の観点からも、ICT活用の出番は多くあります。防災や消防、ごみなどの地域のマイマップ作りの活動には、Scratchを用いることで地域の様子をわかりやすくまとめることが可能になりました。また、Minecraft Education Editionの架空の世界にある疑似AIプログラムの活動や共同編集機能を用いてスライドを集約し校区にあるお店や町内会に伝える活動では、プログラミング的思考を育てながら社会参画意識を高めることもできるようになりました。

　本書で示した50のICT活用実践では、「つかむ」「調べる」「まとめる」「いかす」という社会科の4つの学習活動のいずれにおいても記載されています。ICT活用の場面が学習活動を限定することなく出番があることをご理解いただけるのではないかと思います。

　本書には、実践の注目すべきポイントとなるところで、4人のキャラクターが登場します。

① ICT博士

　ICT端末活用の博士。端末、アプリの特性やそれらを上手に使いこなすためのコツを教えてくれます。

②社会科オタク姫

　社会科の授業理論や学習内容のスペシャリスト。社会科のプロの先生がもつこだわりの一端を垣間見ることができます。

③質問攻めやんちゃ君

　クラスに一人はいる（いてほしい）、「先生、わかりません！」をはっきり言える子。この子がいるから、授業が活性化します。

④どうする？失敗名人

　社会科のプロで「こうやって授業で失敗した」とこっそりと話してくれる先生。同僚に恥ずかしくて聞けない質問の答えがここに。

　4人のキャラクターは、読者の皆さんに様々な言葉を投げかけていきます。それは、私たち執筆者が常々自身に問い、また、子どもから問われているもの。つまり、社会科授業でICTを活用する際に注目すべき大事なポイントになるところです。ぜひ注目してお読みいただければ、と思います。

（佐々木英明）

第1章

バス停検索（サイト）から社会的な事象が見えてくる

―バス停の位置から、幹線道路と人口までつかめる―

【本時の概要】

3年生の「市の様子」の学習では、2年生の生活科で学んだ子ども自身の生活に関わることに加えて、社会的な事象も学習します。その社会的な事象の中の1つであり、落としてはならないのが、交通です。交通とは、主にバス・線路・フェリーなどが挙げられますが、ここではバス停を取り上げます。それは、バス停の位置を調べることで、主な幹線道路や、延いては人口までをも捉えることができるためです。

なお、私は奈良市立の小学校勤務のため、主に奈良交通バスを例にお伝えします。

Point 1　主な幹線道路を捉える

奈良交通バスは、バスの現在地を検索できるサービスがあります。当然、無料です。このサービスは、奈良交通バスに限らず、他のバス会社でも行っており、多くの場合、検索サイトで「（バス会社名）　現在地」と検索することで、そのページにたどり着くことができます。

バス停があるのは、幹線道路であり、かつ、ある程度人の乗降が見込めるところが主です。そのため、バス停位置を検索すると、幹線道路を浮かび上がらせることができます。そして、Googleマップのストリートビューで幹線道路

バス停の場所と、関連付けられるのは何かなあ。

社会科オタク姫

を見せながら「この大きな道路の近くには何があるかな？」と問うことで、「お店

が広がっている」「よく渋滞する」といった社会的事象を引き出すことができます。

Point 2 人口を捉える

　バスは、地方自治体が運営する公営バスと、バス会社が運営する民間バスの2種類に大別することができます。特に後者は民間企業であることから、一番の目的は営利であり、地域貢献ではありません。バス会社は、乗客がないと、倒産してしまうためです。では、客に乗ってもらうには、どのような場所にバスを走らせればよいのでしょうか。私は、①人が多く住んでいるところ、②人がよく行くところ、③鉄道では行けないところ、の3点が思い浮かびます。ここから、バス停があり、バスが走っているところは、ある程度は採算がとれるところといえます（正確には、採算路線と不採算路線の両方があって、トータルで採算がとれるようにしているようですが、ここまで込み入った話は、小学3年生には不要です）。

　バス会社は営利のためにバスを走らせていることを踏まえると、地域の実情にもよるものの、バス停の位置から、人口や観光地、交通のことを深堀りすることができます。そして、子どもと一緒に深堀りしたことを、手書きの地図や白地図に書き込んでいきます。こうすることで、バス停の位置という一つの社会的な事象を切り口に、色々なことがつながっているという、社会科の醍醐味を子どもたちに伝えることができます。なお、バス停を一つ一つを細かに検討するのではなく、「集まっている」と大まかに見ることが重要です。こうすることで、「概観する」というスキルも身に付けさせることができます。

> 手書き地図に、ICTで調べたことを書き込むといいの。

> 「集まっている」と、大まかに見るのがポイントじゃ。
> ICT博士

《参考資料のQRコード》
●奈良バスなびweb（奈良交通バス位置情報検索サイト）

　本来はバスの現在地を検索するサイトですが、同時にバス停も表示されます。奈良交通バスに限りませんので、「あればラッキー」くらいの気持ちで、まずはぜひ、「（学校の近くを走るバス会社名）　現在地」と検索してみてください。

（山方貴順）

Jamboardを活用して「こんなときどうするマップ」をつくる

―協働的に市の様子を考え表現する―

【本時の概要】

　単元で学んできた、市の地理的環境、地形や土地利用、公共交通、主な公共施設などについて振り返り、学んだことを自分の実生活にどのように生かしていくかを考える1時間です。Jamboard を活用し、具体的な場面に対して自分の考えを表出し、交流します。友達と協働的に作業を行うため、他者の意見を参考にしながら自分の考えをまとめ、深めることが期待できます。多くの視点から「市」を捉え、その特色や良さについて再認識していきます。

Point 1　自分の考えを付箋に書いて、白地図に貼っていく活動を行う

　Jamboard を使って、「こんなときどうするマップ」を作成します。人口、交通、土地利用など、様々な視点から考えられる質問を複数提示しましょう。市の白地図を背景に設定して、質問ごとに色分けされた付箋を貼っていきます。付箋には必ず名前を書かせるようにしましょう。

　今回は、3年生社会の最初の単元であるため、タイピングやローマ字に慣れていない子どもが多いです。4つの質問の中から2つ以上を選択する、といったように、自分で学習を調整できるようにしておくとよいでしょう。

付箋の色分け例
黄色：外国人のお客さんを案内するとしたら
緑　：パン屋さんを開くとしたら
青　：乗り物で市外に住む友達を案内するなら
赤　：自分が家を建てるとしたら

共同編集を使っての作業になるため、友達が書いた付箋を動かすことができます。自分が触っていないのに付箋が消えた、勝手に動いたなどのトラブルが起こりがちです。そのため、3〜4人のグループに対して1枚のボードを用意すると、誤操作を減らすことができます。慣れないうちは、「自分の書いた付箋以外は絶対に触らない。」といった決め事も大切です。問題が起きないように場を設定すること、問題が起きた場合の解決策を提示しておくことで、子どもが活動に集中することができます。

僕の付箋がなくなっちゃった！ 勝手に動かさないでよ！

Point 2 他のグループの地図を見て、考えを広げる

付箋を貼る活動が終わったら、まだ使用していない色の付箋を使って、他のグループの地図にコメントをする活動を行います。友達の考えを見て、すぐに反映させられるのがICTの強みの一つです。自分の考え方が評価されることで、自信をもって学習に臨むことができます。

コメントを貼るときは、地図や付箋が隠れないように注意しましょう。

授業の振り返りを毎時間Jamboardに残す場合、「各生徒にコピーを作成」して配付をすると、共同編集が不可となり、一人ひとりが、まるで記録用のノートのように使うことができます。紙のノートに書く場面、データとして残した方がいい場面、共同作業する場面など、ねらいに応じて使い分けていきましょう。

子どもの振り返りノートの例

《参考資料のQRコード》

●地理院地図（電子国土Web）

日本全土の地図を、標準、淡色、白地図、写真などで見ることができます。

（髙田正矩）

みんながよく行くお店を Google Forms で調べよう

―傾向や行く目的を整理・分析し「問い」をつくる―

【本時の概要】

　本時は、単元の1時間目。学習問題をつくる場面です。子どもたちの家庭でよく行くお店調べの結果をまとめることで、みんながよく行くお店の傾向をつかんだり、お店によって行く目的が異なることをつかんだりしながら、この単元で調べる「問い」をつくります。スーパーマーケットは品数が多いけれど車で行くことが多かったり、コンビニエンスストアは近くて気軽に行けるけれど品数は少なかったりとお店によって特色があることもつかんでおくと、その後の学びにつなげることができます。

Point 1 校区地図に行ったことのあるお店を書き込む

質問攻め
やんちゃ君

　Google マップを利用すれば校区地図をつくる必要はありません。地図を印刷して配付し、行ったことのあるお店を書き込んでいくようにしましょう。3年生ですから、そんなに地図を上手に読めないと思います。初めのうちは、学校や大きな道路を全体で確認し、自分の家をチェックさせてから探すようにしましょう。

> 先生、地図が読めなくてお店を探せないよ。どうしたらいいの？

　また、直接行ったことのあるお店の名前を書き込んでもよいですし、付箋でお店の名前や買ったものを書き込むのもよいでしょう。入力に慣れている学級であれば、「ラベル」にお店の特徴や感想を書き込み、自分だけの「お店マップ」をつくることもできます。

　子どもがラベル入力をした Google マップを印刷すると、そのお店だけがクローズアッ

「ラベル」入力をすると、マップ上にも入力したコメントが位置付いています。

プされて印刷できるようになっています。一人一つ「おすすめのお店」としてラベル入力したお店を印刷し教室に掲示すると、「3年○組のみんなのおすすめのお店」として地域の人たちが利用するお店の様子を知る資料にもなることでしょう。

Point 2 Google Forms は子どもの意思表示からデータ集約まで一瞬でできる！

これまで「よく行くお店調べ」は教師がグラフの大まかな項目を書いた模造紙を貼りだし、子どもがそれにシールを貼るという作業によってグラフ化していました。一人ずつシールを貼る作業は 10 分以上かかってしまうこともしばしばあったことでしょう。

事前にアンケートさえ用意しておけば、Google Forms はクリック一つで完了。それだけで教師側の端末には集約結果が色別の円グラフとして表示されます。項目ごとに色が異なる円グラフであり、大きさで人気の度合いもすぐにわかります。周りの子どもがシールを貼っているだけという退屈な時間も

名前と質問、その理由。たったこれだけで、学級の子どもたちの家庭の買い物の実態を調査できます。データの集約も分析も非常に便利です。

生まれません。時間のある子に、「一番よく行くお店を教えてください」という質問をしておくと、そのお店に行く理由を集めてすぐに一覧表にできるので、そのまま子どもに提示して授業を展開することができます。

まさに教育の情報化。情報の集約とその還元を、スピード感をもって実現できるため、スムーズな授業展開が可能になります。

《参考資料のQRコード》

● EDUPEDIA（先生のための教育辞典）

ICT の効果的な使い方はもちろん、各教科における授業の展開事例が掲載されています。

（佐々木英明）

コロナ禍でもZoomでお店見学 店長さんへのインタビュー活動

―探究的な学びを保障する―

【本時の概要】

　単元の1時間目に、土日にどのお店に買い物へ行ったのかを調べました。すると、よく行くお店はスーパーマーケットであることがわかりました。子どもたちは、「どうしてお家の人は、コンビニやホームセンターではなくて、スーパーマーケットに行くのだろう。」と問題意識をもちました。この時間は、単元の2時間目にあたります。スーパーマーケットへ買い物によく行く理由を、お店見学と店長さんにインタビューすることから調べる時間です。

Point 1 　どこを見ているのかを明らかにする

　お店見学では、商品の陳列や商品の量、値段に着目できるようにしました。コロナ前までは、グループごとにお店見学をする時間を取っていましたが、見学しているうちに地図と現在の場所がわからなくなったり、グループで調べたいことが異なったりして、自分の調べたいことをじっくり調べられないなどの課題もありました。

質問攻め
やんちゃ君

今どこを見ているか
わからないよ！

　Zoomでお店見学をする際には、学年の担任と協力して、今どこの映像を流しているのかを確認しながら見学することができます。そうすることで、地図と画像を見比べながらまとめられるのです。

Point❷ もっと見たいところと店長さんへの質問コーナー

　実際に見学をすると、制限時間があり繰り返し調査することができない場合も
あります。Zoom を活用することで、「もっと見たいところ」を子どもたちから引
き出し、詳しく調べることができます。例えば、牛乳の消費期限を詳しく調べたり、
どの場所に何の商品が陳列されているかなどにおいて、繰り返し店内を見学した
りすることができます。

　一方で、子どもが自ら調べに行くような姿をオンライン上では引き出すことが
できません。一人一台端末で自由に店内をバーチャル見学できるようになると、
より可能性が広がっていくと思われますが、それはもう少し未来の話でしょう。

　また、Zoom を活用して店長さんに質問する時間も設けることができました。
Zoom を活用する良さは、繰り返し動画で確認できる点にもあります。録画でき
るため、店内を繰り返し確認したり、店長さんのインタビューを見直すこともで
きます。

Point❸ グループで Jamboard を活用して店内地図作成

　お店見学したことをもとに店
内地図を作成していきました。
最初は、記憶を頼りに地図を作
成していきましたが、記憶があ
いまいなものや、記録していな
い部分は、動画を活用して調べ
ていく姿が生まれます。

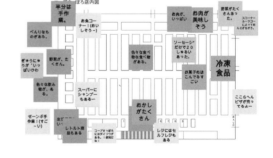

　ICT を活用することで、何度
もお店に行かなくても店内地図を完成させることができます。自ら店内を調べる
姿を引き出すために、「お家の近くのスーパーマーケットも同じ商品の配置なの
かな？」と問いかけ、授業と授業の合間に調べてくる姿を引き出すことも大切で
す。

《参考資料のQRコード》
●予習用の動画配信と双方向オンライン授業の両軸により主体的な態度
を引き出す実践の試み：小学校3年生社会科「わたしたちのまちと市」
の実践を通して

（樋渡剛志）

オクリンクを用いて、消費者の多様なニーズを可視化する

―一目でわかるニーズの違い―

【本時の概要】
　消費者の多様なニーズに応えることが、販売者の利益につながることを考える1時間です。子どもたちにとって、買い物は身近な行為である一方で、他の人がどのような理由で商品を選択しているのかを考えることは難しいものです。「お客さんによって欲しいものが違うのではないか。」と予想を立てた上で、オクリンクを使って「自分ならどの商品を買うか」を選択します。教室を小さな社会に見立てることで、ニーズの多様性について、実感を伴った理解を狙います。

Point 1 　色分けされたカードを提示し、交流への意欲を高める

　前時までの学習を通して、子どもたちはスーパーマーケットが数万点の商品を扱っていること、商品の陳列や品質の管理には多くの手間がかかっていることを理解しています。同じ種類の野菜を多数提示することで、「店長さんは、どうして様々な商品を売っているのだろう？」という問いをつくります。3年生の発達の段階を踏まえ、実物を提示し、見たり触ったりしながら、商品の形、大きさ、産地、値段などの要素に気づかせていくことも大切です。

　自分の家庭のこだわりや、よく買っている商品について経験をもとに話し合い、「お客さんによって欲しいものが違うのではないか。」と予想を立てていきます。

　その後、オクリンクを使って、自分が実際に商品を選択する活動を行います。1枚目のカードには選択した商品

カードを色分けしておくことで、一目で学級全体の傾向を見ることができます

を、2枚目のカードには、その商品を選択した理由を記述して提出BOXに送ります。オクリンクには、提出したカードを子ども同士で見ることができるようにする機能がありますが、最初はあえて1枚目のカードのみが見えるようにします。全てのカードが見えてしまうと、子どもは端末ばかりに目が向いてしまい、自分の言葉で説明をする機会を失ってしまうためです。共有する部分、しない部分をつくることによって、「どうしてこの商品を選んだのだろう？」と友達の意見を聞きたくなる状況をつくり、意図的に交流の場を生み出します。

どうする？
失敗名人

見たらわかっちゃったから、もういいや！

Point 2 提出したカードをもとに交流を行う

誰がどの商品を選んだのか一目でわかるため、子どもたちは「同じ商品を選んだ人の意見を聞きたい。」「この商品を選んだのはなぜだろう？」など、自分の目的意識に沿って交流を行います。必要に応じて、オクリンクの「比較する」の機能を使って複数の考えを比べて見ることで、同じ商品を選んでいても、理由は人によって違うと気づくことができます。

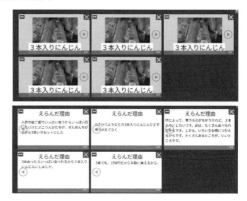

形、値段、本数など、同じ商品を選んでいても、選択の理由はさまざまです

　小交流が終わったら、すべての提出物を子どもたちに公開し、選択した理由も見ることができるようにします。選択する商品の違い、選択の理由の違いから、お客さんのニーズの多様性を実感し、販売者はそのニーズに応えることで売上げを伸ばしていることに気づくことができます。

社会科
オタク姫

カレンダーから指定すれば、いつでも自分の振り返りを見ることができるね。

《参考資料のQRコード》

● Shufoo！

　住所やお店の名前で検索をすると、全国のスーパーマーケットのチラシを見ることができます。

（高田正矩）

ロイロノートで絵本の読み聞かせ

―ICTで多様化している伝える手段―

【本時の概要】

　本単元では、地域の人々の安全を守るために警察署の人だけでなく、地域の人々も協力して交通事故などの防止に努めていることを理解させます。その後、交通事故などに備えて、自分も地域社会の一員として自分の安全は自分で守ることが大切であると考えさせます。さらに身近な人たちも守りたいと動きだそうとする子どもたちによって、学んだことを校内に発信できるようにすることをねらいとします。

Point 1　ロイロノート・スクールで読み聞かせの準備をしよう

　交通事故について学んだ子どもは、自分の命だけでなく、周りの人のことも守りたいと考えるようになります。「身近な人＝学校のみんな」となれば、各学年に合わせた伝え方があるでしょう。右下の画面は、「1年生にも難しい交通安全について教えたい」ということでわかりやすい絵本を選び、スキャンしたものをテキストに一枚一枚貼り付けしました（写真は執筆者作成のもの）。

　貼り付けたテキストを開くと、マイクのボタンがあり、録音が可能です。早めたり、切り取ったりもできます。相手意識をもつと、棒読みではなく、本当に大切だと思うところに

心を込めて読むようになります。

　時間に余裕があれば、図書室で絵本を選ばせると、国語科との教科横断的な活動ができます。

　制限がかかる世の中でも、子どものやってみたいという思いを止めることがないよう、指導者側の工夫で乗り越えていきたいものです。

Point 2 学内共有でいつでもどこでも見ることができる

　完成したものを「資料箱」の学内共有へ入れると学校内の教員であればいつでも閲覧することができます。

　ただ絵本の読み聞かせで終わらないよう、最後には子ども自身のメッセージを載せるのもおすすめです。顔出しが許されるのであれば動画を撮影し、絵本のテキストの最後に続けます。誰に向けてのものかがはっきりすれば、これまで学習してきたことをもとに、子どもの言葉で交通安全について語ってくれるでしょう。それは、活動を楽しむものだけでなく、地域の一員として動き出した姿だと言えます。

ロイロノート HP より

自分事として交通事故を捉え、自分たちにできることを考えようとしているかが重要よ。

《参考資料のQRコード》

●ロイロノート

●金の星社『こうつうあんぜん　どうするの？』

せべまさゆき 絵／国崎信江 監修／ WILL こども知育研究所 編著

　他、「交通安全_絵本」と検索すれば児童向けのものが出てきますし、学校司書の方と連携して絵本を選定していただくのも良いです。

　お気づきかもしれませんが、他の単元でも学内共有で児童作成の作品を発信することも可能です。

（清水雅代）

Googleスライドで報道番組

―関連した資料選びが重要―

【本時の概要】

　本単元では、県警や役所のホームページ、映像資料、統計資料などの活用を図り、地域の人々の安全を守るために警察署で働く人々や関係諸機関が、地域の人々と協力して交通事故などの防止に努めていること理解することができるようにします。そこで、自分も地域社会の一員として身近な人を守りたいという気持ちをもった子どもたちに、その思いをそれまでに得た知識をもとに、どのように伝えればよいのか考えさせます。

Point 1 学級で、学年で同時に作成できる報道番組資料づくり

　単元の中で使用した資料や、子どもがさがしてきた資料を Google スライドに貼り付けます。

　右の写真は実際に使用したものです。スライドをテレビに写し、子どもはその前にすわり、アナウンサーのように話し始めます。スライドの内容も話すセリフもすべて子どもが調べ、考えます。普段から慣れていれば、スライドは「共有」により学級や学年の活動として、大勢の子どもの力でたくさんのスライドを短時間で作成することができます。また手書きのポスターの良さもありますが、ICT にはグラフや図をそのまま載せられる利点があります。

報道のイメージで撮影をします

３年生よりニュースをお伝えします。私たちは社会科で交通安全について学習する中で……

Point 2 「何を伝えるべきなのか」資料を選ばせる

　学習して思ったことや考えたことを述べるだけでな

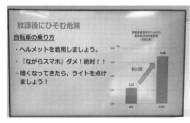

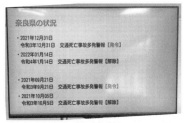

く、「なぜそう思ったのか」、関連する資料の選定をさせましょう。教科書や副読本からでもよいでしょう。報道内容のゴール（結局何を伝えたいのか）から考え、それに向かうまでの流れを逆から考えると作成しやすいで

す。さらにスライドで作成する段階で、説明の順序を変える場合も簡単に操作ができます。どの順番で話せばよいか、伝えるという言語活動にもつながってくるでしょう。

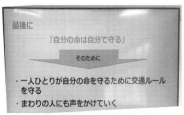

　セリフの原稿も用意できれば、撮影開始。

　学習の中でグラフや図から読み取って社会的事象について考える授業はありますが、子ども自身に資料を選ばせるのも資料活用の力がつくと期待できます。

　最後に、ここでは学習したことをもとに、地域の安全を守るために自分たちができることを考えようとしている子どもの育成を目指しましょう。

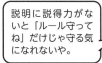

説明に説得力がないと「ルール守ってね」だけじゃ守る気になれないや。

質問攻め
やんちゃ君

《参考資料のQRコード》

●奈良県HPより「交通死亡事故多発警報」

　例として奈良県を挙げていますが、調べればお住まいの自治体でも、発令情報を掲載しているものがあります。各市町村のHPに飛べば近年の地域の事故件数について調べることができます。どんどん統計資料に触れる機会を与えてください。

（清水雅代）

ロイロノートで学びの見取り

―子どもも教師も学びの変容が見てわかるシート―

【本時の概要】

　よりよい社会の形成に参画するためには、社会的事象についての意味や特色を理解すること、社会の事柄を自分事と捉えること、社会的事象に関わる課題に目を向けることが求められます。本単元では、地域の人々の命や安全を守る仕事をしている方の苦労や思いに触れたり、身近なところで地域を守ってくださっている方がいることを理解することなどすべてを通して、自分たちの命や地域の安全を守るために、自分たちにもできることはないかと考えさせます。

Point 1 ロイロノート・スクールで学びの蓄積を！

　毎時間の振り返りをロイロノートで行うことで、学びの変容が見取れるようにします。

　テキストの中に更に多くのテキストを貼り付けるだけです。単元を貫く学習問題、毎時間分のテキストです。そこに毎時の振り返りを書かせます。

３年生ですとローマ字を習ったばかりで、タイピングはまだ難しいでしょう。そんなときは、ノートに書いたものを写真に撮り、貼り付けるだけで完成です。

　ノートに書くという作業とタブレットに打ち込むという作業では、どちらがクラスの実態に合うかは、目の前の子どもに合わせていただけたらと思いますが、

今ICTを活用しない手はないでしょう。

　手間がかかるように見えますが、これは子どもと指導者の両者にとってもメリットがあります。子どもは毎時間思ったことや考えたことを一目（一枚のポートフォリオ）で見てわかります。「私は第4時ではこんなことを考えていたけど、第2時のときと正反対だ。」、「ここでもこんなことを考えていたんだ。」など自分自身の学びの蓄積から変容に気づくことができます。

　指導者にとっては、前述の子どもの気づきに加え、ノートを回収することなく、一人ひとりがその時間に目標を達成できているか評価できます。

Point 2 その時間に使った資料をリアルタイムで配付

　毎時間のテキストには、その時間で使用した資料や板書の写真も載せるようにすると、振り返りがしやすくなります。「送る」へ次々写真を送れば子どもは拡大して資料を見ることもでき一石二鳥です。

　写真をカラーで、そのときの板書まで貼り付けられるのはICT教育の良さでもあります。

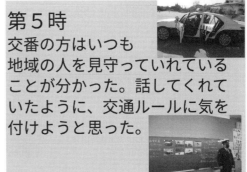

　また、資料をたくさん使用した時間であればすべて送っておき、まとめの感想に合うものを選択させると、人によって選ぶものが違うため盛り上がります。

全体で回答共有もできるから、他者の考えにも触れることができるぞ。
ICT博士

第5時
交番の方はいつも地域の人を見守っていれている
ことが分かった。話してくれていたように、交通ルールに気を付けようと思った。

《参考資料のQRコード》
●警視庁「警視庁PRビデオ　子供用」
　ピーポくんたちが警察のお仕事や安全な自転車の乗り方を教えてくれます。

（清水雅代）

オクリンクで身近な「危ない場所」を交流し、共通認識をつくる

―認識と事実のずれからつくる単元の学習問題―

【本時の概要】
　事故や事件から地域の安全を守る働きについて、単元の学習問題をつくる1時間です。まずは、イラスト資料をもとに、危ないと感じる場所を出し合います。さらに、経験をもとにして自分の住んでいる地域の危ない場所について話し合い、身近な場所にも多くの危険が存在していることを実感していきます。その後、事故や事件の発生件数が減少傾向にある事実を提示することで、「誰がどのような働きをして、安全を守っているのだろう？」という単元の学習問題をつくります。

Point 1　「危ない場所」とは何か、イラストをもとに共通認識をつくる

　イラストをオクリンクで子どもたちに提示し、危ないと思う箇所、安全だと思う箇所を色分けする活動を行います。理由などは記述せず、印だけを付けるように指示をして、短時間で行うことがポイントです。人によって印を付けている場所が違うので、「どうしてここに？」と子ども同士で交流が始ま

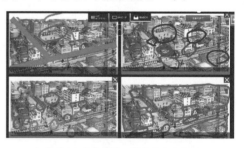

本時では、赤を危険、青を安全な場所と
色分けをして活動しました

ります。「踏切が閉まりそう。」「工事現場の近くで、物が落ちてくるかも。」「人通りが少ないから。」など、様々な視点から危ない場所の理由が語られていきます。逆に、「交番が近くにある。」「スクールガードさんがいる。」「学校は避難場所にもなるから。」など、安全だと思う理由についても考えを語らせましょう。子どもたちの意見を教師が整理し、共通認識を作っておくことが、Point ②の活動に

つながっていきます。

Point 2 身近な地域の危ない場所について考える

次に、オクリンクで校区の地図のカードを送り、先ほどと同じ色分けの活動を行います。地図のカードはロックをして、子どもたちが動かせないようにしておきましょう。「ここで事故を見たことがある。」「この道は歩道がないから。」「車のスピードが速い道がある。」「高い塀があって曲がってくる車が見えにくい。」など、自分の生活経験を想起して話し合います。通学路の違い、経験の違いによって、印を付ける場所は大きく異なるので、教師は拡大印刷した地図に子どもの意見を位置付けます。校区全体の危険な場所、安全な場所が見えてきます。安全な場所は子どもにとって当たり前である一方、危険な場所は印象に残りやすく、印の数が多くなる傾向があります。

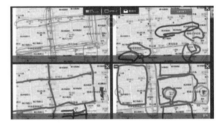

Point ①と同様の色分けをすることで、スムーズに活動をすることができます

次に教師は、「近年事故や事件は増えているでしょうか。減っているでしょうか。」と発問します。子どもたちは、危険な場所への意識が強くなっているため、「増えているだろう」と予想を立てます。ここで、右下のような事故や事件の推移のグラフを提示します。

こんなに危ない場所ばかりだから、事故も事件も増えているに決まっているよね？

質問攻め
やんちゃ君

グラフを見ると、事故も事件も減少傾向があることがわかります。自分たちの認識と事実とのずれから、「誰がどのような働きをして、安全を守っているのだろう？」と疑問をもち、予想を立てて学習を進めやすくなります。

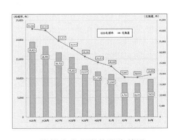

札幌市内の事件発生状況

《参考資料のQRコード》

●警察庁　統計

警察庁の保有する統計等データを公開しています。犯罪や交通事故の発生状況について調べることができます。

（髙田正矩）

ロイロノートの思考ツールで 事件？ 事故？ 仲間分けゲーム

―仲間分けを通して、警察の仕事を分類―

【本時の概要】

　事件や事故からくらしを守る学習をまとめる時間です。警察の仕事を仲間に分けるゲームを取り入れることで、「子どもたちからやってみたい」という活動意欲を引き出します。

　また、仲間分けした写真に解説を加える場を構成することで、どのように事件や事故を防いでいるかをまとめることができます。そうすることで、写真がどういう仕事なのかを調べ、曖昧となっている知識を定着させまとめることができます。

Point 1 　写真を仲間分けする活動

　札幌市には、「わたしたちの札幌」という副読本があります。その副読本には、警察の仕事が写真付きで掲載されています。その写真を活用して、仲間分けをする活動を構成しました。仲間分けされていない状態で、子どもたちに資料を配付します。子どもたちは、ゲーム感覚で写真を仲間分けしていきました。する

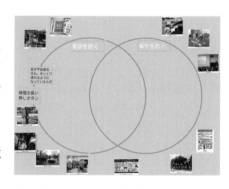

と、もう授業で習ったから簡単にできるよという声が上がってきました。

質問攻め
やんちゃ君

簡単だよ！
もう授業で
やったじゃん。

　　　　　　　写真を仲間分けするだけでは、まとめる活動になりません。そこで、写真の解説を付箋で書いて連結させるように指示をします。そうすることで、「あれ？　これって何をしているんだろう。」「多分事件に関係あるけど、どうしてだったかな。」と、

曖昧に覚えていたものをもう一度調べたり、確かめたりする姿を引き出すことも
できます。「もうできた！」と言っていた子どもたちも、資料に立ち戻って調べ
る姿を引き出すことができたのです。

Point 2 写真と、事故や事件をどのように防いでいるのかを関連付ける

　多くの子は、写真の分類だけだとすぐに活動を終えることができるでしょう。
しかし、そこからさらに理解を深めていくためには、それがどうして事件や事故
を防ぐことにつながっているのかをしっかりと調べてまとめる必要があります。

　実際の授業では、ロイロノートのシンキングツールのベン図を子どもたちに提
示しましたが、それをそのまま使う子もいれば、自分なりに工夫して違うシンキ
ングツールを活用してまとめる子もいました。

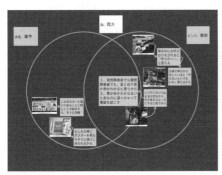 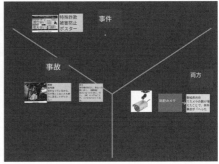

　調べてまとめる際には、「ポスターを張っている」という事実だけではなく、「ポ
スターを張っている」→「ATM に貼っている」→「目に入りやすい」→「振り
込め詐欺を防ぐことにつながる」といったように、理由をつけてまとめることを
大切にしました。

　このように、知識を関連付けて学びを深めていくことが簡単にできるのも ICT
を活用することの良さの一つだとも言えそうです。

《参考資料のQRコード》
●北海道警察子どもコーナー
　警察の仕事や110番の仕組みなどを調べられます。

（樋渡剛志）

Kahoot!を使って都道府県クイズ大会!

―都道府県について楽しく学ぼう―

【本時の概要】

　４年生の学習が始まると、47都道府県に関する内容の取り組みがあります。学習指導要領では知識・技能として「47都道府県の名称と位置を理解すること」と記述されています。ここで、「暗記すること」に特化してしまうと、社会科が得意ではない子にとっては苦手意識をもってしまう原因となってしまいます。そこで、「Kahoot!（カフート）」というアプリを使い、クイズ形式で楽しく都道府県について学習に取り組んでいきます。

Point 1 　クイズを作成して楽しく都道府県を学ぼう!

　Kahoot!とはノルウェー発のウェブサイトです。クイズ（4択問題や○×クイズ）をオンラインで、ゲーム感覚で楽しく行うことができます。主催者は大型テレビなどにクイズの問題を映して、参加者を手持ちの端末などから解答することができま

暗記ではなく、クイズを通して自然と学んでいけます

す。解答すると早押しポイントがもらえたり、解答者の中でランキングが出たりとTVのクイズ番組のように盛り上がります。クイズの作成については、先生がつくることはもちろん、子どももつくることができます（Google Formsで問題を作成し、Kahoot!にインポートすると、子どもが共同でつくることも可能です）。問題には画像などを挿入すると視覚的にもわかりやすく、QRコードやPINコードを打ち込むだけで、簡単にクイズに参加することができます。

Point 2 既存のクイズを活用しよう！

「クイズを作成する時間がない……！」という時もありますよね。そういう時は既存の問題を活用することをおすすめします。Kahoot!にログインをし、「発見」から「都道府県」と入力してみましょう。すると、既存で作成した問題がたくさん出てきます。既存の問題をテンプレートとして問題を修正したり、追加したりすることも可能です。

「発見」→「検索したいキーワード」を打ち込むと、既存の問題がたくさん出てきます。

また、「発見」→「検索」機能を使って、学年や教科について検索してみると多くの既存のクイズが出てきます。学級の係活動や単元のまとめとしての活用、4月初めの先生の自己紹介など、その目的に応じて取り組んでみることをおすすめします。

「全員が」「楽しく」授業に参加できるKahoot!。問題を作成したり、活用したりと様々な使い方ができるウェブサイトです。

「⋮」ボタンから「複製」すると、既存のクイズを編集することができます。

クイズで楽しく学べるね！

ICT博士

《参考資料のQRコード》

● Kahoot!

「Kahoot!」のウェブサイトです。基本は無料で取り組むことができます。Googleのアカウントなどを登録することで問題を作成することができます。

（土岐友哉）

ただの地図じゃない Google マップ

航空写真や地形を使って水道水のルーツを探ろう

【本時の概要】

　水道単元の学習は大きく、①浄水場のはたらき、②水の通り道や循環、③水の使い方、の3つに大別できます。本ページでは単元後半の「まとめる」時間として、「②水の通り道や循環」をまとめる際に Google マップを使って地形を取り入れることを提案します。そうすることで、社会的な事象を関連付けて「ダムと浄水場の位置は、山がちの標高が高いところと低いところで、水の性質（自然流下）を使うことで、コストをなるべくかけずに水道水を作っているんだ」とつかませやすくなります。

Point 1 Google マップは、ただの地図じゃない　―航空写真―

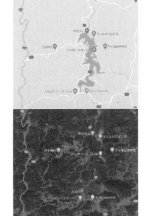

　言わずと知れた Google マップには、多様な機能があります。水道単元と相性がいいと考えられるのは、「航空写真」と「地形」です。

　まずは、「航空写真」の表示方法をお伝えします。Google マップを開き、画面の左下にある「レイヤ」とあるところに、ポインタを置いてください。すると「レイヤ」が「航空写真」に切り替わります。そして「航空写真」をクリックすることで、普段の地図を航空写真に切り替えることができます。

　右の2枚は、ダム周辺のほぼ同じ場所を示しています。上の地図は、ダムの位置がはっきりとわかる一方で、ダム周辺の様子がわかりづらいです。他方、下の航空写真に切り替えると、ダムの境目は見づらくなるものの、ダム周辺が山がちであることがわかります。

上は「普通」の地図で、下は「航空写真」です。ダム周辺は山がちであることが一目でわかります。

Point 2 Googleマップは、ただの地図じゃない ─地形─

次に、「地形」の表示方法をお伝えします。Googleマップの画面の左下にある「レイヤ」とあるところに、ポインタをもっていくところまでは同じです。「レイヤ」が「航空写真」に切り替わったら、右側に「地形」や「交通状況」などのアイコンが出てきます。そこで、「地形」をクリックすると、右のように土地の高低がわかる表示になります。「地形」を表示することで、ダムの周辺が高くなっていること、そしてダムから流れる川は、周りよりも低くなっていることがわかります。

地形を表示させています。

子どもたちは「ダム→浄水場→蛇口」と、漠然とは水のゆくえをわかっているとは思いますが、「まとめる」時間に「航空写真」や「地形」を使って土地の高低と共に水のゆくえを知ることで、「標高が高いところから低いところへ水は流れている」とつかむことができるでしょう。

どの地図にも、わかりやすいことと、わかりにくいことがあるなあ。

どうする？
失敗名人

社会科の「おもしろさ」は、何といっても、社会的な事象が関わり合っていることに気づくことではないでしょうか。水道単元でも、「浄水場のはたらき」「地形」「標高」といった社会的な事象を関連付けて「ダムと浄水場の位置は、山がちの標高が高いところと低いところで、水の性質（自然流下）を使うことで、コストをなるべくかけずに水道水を作っているんだ」とつかませることができるでしょう。

翻って、自宅周辺や自分が住む市町村・都道府県なども、航空写真や地形といった、普段と違う見方をすることで、「ここは水害が起きそうだ。」「人口が多いところは、低い土地（平野）が多いな。」「『ポツンと一軒家』で出てくる家は、いつも山がちだ。住みにくいから、当然か。」などと、多面的・多角的な見方・考え方が育ちます。

《参考資料のQRコード》

● Googleマップ

言わずと知れたポピュラーなサイトです。何度も使うことになるので、子どもにブックマークさせてはいかがでしょうか。

（山方貴順）

Googleマップでスクショ→ロイロノートで共有

―ストリートビューでごみの行方を辿ろう―

【本時の概要】

　ごみは多くの場合、「家庭や学校→ごみ置き場→中間処分場（清掃工場）→最終処分場」というルートで処理されます。「まとめる」時間には、上のルートでごみが処理されることを、子どもたち自身で「まとめる」ことによって、ごみを減らすことの重要性に気づかせたいものです。しかし子どもの中には「ごみ置き場」や「最終処分場」が抜けてしまう子どもがいます。教師が「抜けているよ」と指摘するのは簡単なのですが、できれば子ども自身に気づかせたいですね。

Point 1 Google マップのストリートビューでごみ置き場を確認し、ロイロノートでそれを共有

　これは「調べる」時間でも使えることですが、子どもたち一人ひとりのごみ置き場を共有します。こうすることで、「ごみは朝に出す」「ネットを確実にかける」といったごみ出しのルールについて触れることができるからです。共有の方法としては、Google マップのストリートビューでごみ置き場を表示させ、それをスクリーンショットし、ロイロノートの共有機能を使うことで、子どもが互いの画像を見られるようになります。すると子どもは自然と自分のごみ置き場と比べ「ネットだけ」「レンガがある」「箱型で便利」「いつでも出せそう」などと、声をあげるでしょう。そこ

ごみ置き場には色々な種類があることを掴ませることで、ごみ出しのルールを確認できます。

質問攻め
やんちゃ君

いつでもごみ出しできるって、お金になりそう。

から、「ネットだけだと、どんなことに気をつけないといけない？」「どうしてレンガがあるんだろう？」と問うことで、ごみ出しのルールについて確認することができます。

Point 2 最終処分場 SDGｓのゴールも確認して関連付ける

「まとめる」時間に、「家庭」をスタートに、燃やせるごみ処理のルートをかかせてみてください。するとかなり多くの子どもが、「清掃工場」で終わっているのではないでしょうか。「ごみは燃やして終わり」と思っているのでしょう。しかし実際には、多くの場合、燃やして出た灰は海などに埋めています。当然、いつかは満杯になって埋められなくなりますし、海まで運ぶにもコストがかかります。これらのことから、子どもたちには「ごみを減らさないといけない」「どうやってごみを減らしたらいいんだろう」などと、考えさせます。

さて、子どもたちに「ごみは燃やして終わりではなく、最終処分場に持って行って埋め立てているんだ」と気づかせるためには、教師が指摘するのではなく、できるだけ子どもたち自身に気づかせたいものです。そのために、先に述べた「『家庭』をスタートに、燃やせるごみ処理のルートをかかせて」みることを、ロイロノートでかかせてみてはいかがでしょうか。ロイロノートにかくことで、共有がスムーズにでき、級友との違いが一目でわかります。

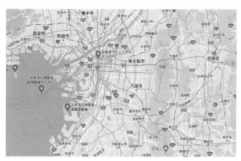

奈良県からも、大阪湾まで灰を持っていって、埋め立てています（フェニックス計画）。

質問攻め
やんちゃ君

大阪湾が埋まってしまったら……

《参考資料のQRコード》
● Google マップ

ストリートビューをスクリーンショットするアイデアは、違いをはっきりさせられます。他の単元でも有効です。

（山方貴順）

啓発ポスターの画像検索と標語で社会の課題が見えてくる

―社会科授業で学んだことを使って―

【本時の概要】

　大単元「住みよいくらしをつくる」の中には「水道」と「ごみ」という2つの小単元を含んでいます。この大単元は、社会科の目標である公民的資質（よりよい世の中について考える資質）を、真正面から考えることができます。

　巷には、水道やごみに関する標語やポスターがあふれており、画像検索すると簡単に見ることができます。「どうして大事？」「お気に入りはどれ？」などと問うことで、子どもたちに単元の学習で学んだことを使わせることにつながります。

Point 1　どうして大事？　―単元の学びを使わせましょう―

　Google 画像検索や、Yahoo! の画像検索で、「水道水　標語」や「ごみ　ポスター」と検索してみてください。すると、普通に検索するよりも、一目で多くの作品を見ることができます。その中から、単元で学んだことを使うことのできる標語を選び、「このポスターにはこうかいているけど、どうして大事なの？」と問うてみてください。問いに対して、単元で学んだことを使っ

Google で「水道水　ポスター」と画像検索しました

Google と Yahoo! でも違った検索結果になるし、小単元名の後は「標語」「ポスター」「コンクール」「啓発」など、色々と試してみると、きっといいものが見つかるよ！ ICT博士

て答えている子どもを育てたいものです。標語は例えば「水を大事に」や「ごみを減らそう」「ごみを分別しよう」「感謝しよう」などがおすすめです。

　社会科とは、「社会認識（世の中がわかること）を通して、公民的資質を育成する教科だ」と、社会科が誕生したときから言われ続けています。社会認識だけ（極端には、暗記だけ）でもいけませんし、公民的資質だけ（学活や道徳になってしまうため）でもいけません。この学習では、公民的資質の理由になることを、社会認識を使って解答することを求めています。

Point 2 お気に入りはどれ？　―子どもも地域の一員―

　社会認識の次は、公民的資質に着目しましょう。子どもであっても地域に住む一員ですから、水道水の無駄遣いはしてはいけませんし、分別やごみ出しの日時を守るといったごみに関するルールを守る必要があります。また、地域の一員としての行動が求められるのは、学校にいる日中もそうです。このように考えると、小学4年生の子どもにできることは、色々とありそうです。

　そこで提案したいのが、「お気に入りのポスターや標語を探そう」です。特に標語は、よく子どもたちにつくらせますが、選ぶことはあまりされていません。標語をまず選び、その後でつくらせてみてはいかがでしょうか。こうすることで、色々な標語に触れることができますし、その標語を自分ができているか、自分の生活を振り返ることにつながります。「どうしてその標語を選んだの？」と、理由を尋ねることで、より自分の生活を振り返らせることにもなります。

　現在、「学んだことを、現実社会でどう使うか」が大事だと言われています。ポスターを1枚取り上げて、その標語に対して理由を尋ねたり、お気に入りの標語を選ばせたりすることは、まさしく学んだことを使うことになりますから、ぜひ取り入れてみてください。

ポイントは、誰かがやってくれることじゃなくて、小学生の自分が実際にできることでしょう。

社会科だから、絵に着目しすぎてはいけないね。

《参考資料のQRコード》
● Google 画像検索

　抽象的で概念的な言葉でも、図になっていれば子どもが理解しやすいことも多くあります。そのため私は、言葉であったとしても、画像検索することが多いです。

（山方貴順）

| **４年生『自然災害からくらしを守る』**

ハザードマップで
個別最適な学習を

―自分が遭いやすい自然災害と対応した避難場所を探そう―

【本時の概要】

　この単元の特徴は、過去に県内で発生した自然災害をもとに、被害を小さくするための県庁などのはたらき（公助・共助）を学び、そこから自分にできる減災の方法（自助）を考えることにあります。自助を考える際に、強力な手掛かりになるのが各自治体で発行しているハザードマップです。ハザードマップは、過去の自然災害をもとに、かなり正確につくられています。ハザードマップによって、個別最適な学習を展開することが期待できます。

Point 1 何はともあれ、まずは自由にハザードマップを触ってみましょう！

　ハザードマップは、災害予測図のことで、過去の自然災害をもとに、被害に遭う可能性がある場所と避難場所を地図に示したものです。また、被害に遭う／遭わないだけでなく、被害の程度も表しています。

水害に対するハザードマップです。色が濃いほど、危険度が増します。

　ハザードマップの存在と特徴を子どもに伝えると、真っ先に自分の家がどうなっているか知りたがることでしょう。一人一台端末環境にあるわけですから、教師の説明はそこそこに、まずは自由に触らせてみます。「色って

避難場所になっている小学校でも、水に沈むと予想されているんだね。それなら、どこに避難すればいいんだよ。

質問攻めやんちゃ君

何で違うの？」「俺の家、どこにある？」など、色々と聞こえてくるため、教えたくなりますが、ぐっと我慢して子どもに委ねることをおすすめします。きっと

子ども自身で、色の違いも、自分の家の場所も、見つけることができるでしょう。「何とかして答えにたどり着く」ことこそ、社会科に限らず、大事なことではないでしょうか。

右は、地震ハザードマップです。色によって、揺れやすさを区別しており、色が濃いほど揺れやすいことを表しています。ハザードマップには、複数の種類の自然災害に対するものが存在します。

地震に対するハザードマップです。やはり色が濃いほど、危険度が増します。

Point 2 重ねるハザードマップも使ってみよう！

自分が住んでいる地域は、どのような自然災害に遭いやすいのか調べるのに、「重ねるハザードマップ」も有効です。「重ねるハザードマップ」では、洪水や土砂災害など6つの災害を、1つの地図に重ねて表示することができます。また、画面右側にある避難場所を示すアイコンをクリックすると、避難場所を表示させることもできます。避難場所は、自然災害によって異なります。

画面左上で、重ねる自然災害の種類を選択できます。

住む場所によって、遭いやすい自然災害は当然異なります。そのため、対策を考える自然災害は、子どもによっても異なります。校区にもよりますが、全員で同じ自然災害を考えるのではなく、子どもたち一人ひとりが、自分が遭いやすい自然災害の対策を考える個別最適な学びの展開が重要でしょう。

画面の右側には避難場所を表示するアイコンがあります。

《参考資料のQRコード》
●重ねるハザードマップ

ハザードマップは、各自治体が作成しているものなので、ここでは重ねるハザードマップを紹介します。なお、ハザードマップは「(市町村名)ハザードマップ」と検索することで、閲覧することができます。

（山方貴順）

今昔マップ on the web で今昔比較

―住んでいる家のルーツがわかる「その土地」の昔の姿―

【本時の概要】

　この単元の特徴は、過去に県内で発生した自然災害をもとに、被害を小さくするための県庁などのはたらき（公助・共助）を学び、そこから自分にできる減災の方法（自助）を考えることにあります。単元後半の「まとめる」際には、自分が遭遇しそうな自然災害を選ぶことが重要です。そのため、地域によっては、「水害チームと地震チーム」のように、学級で異なる自然災害について考えるケースも考えられます。そこで、自分が遭遇しそうな自然災害を選ぶ際のヒントとなるのが、今昔マップです。

Point 1　昔、自分の家がある場所は何だったかを調べてみましょう！

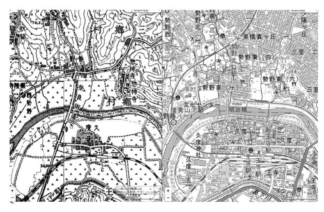

奈良県大和川周辺の地図。左は 1892 ～ 1910 年、右は現在

先人の知恵として、昔から川が氾濫しやすいところは、家にしないで、蔵や田畑にしていたんだって。

社会科オタク姫

地域によっては、戦前の地図が十分にないところもあるのじゃ。

ICT博士

　上は、今昔マップ on the web にて、奈良県王寺町と三郷町の間を流れる大和川周辺の今昔を比べたものです。左側に過去の地図、右側に同じ位置の現在の地図が表示され

るようになっており、片方を移動させると、もう片方も連動し、今昔を比較しやすくなっています。

　奈良県では、自然災害の事例として、1982年に発生した大和川大水害を学ぶ小学生が多くいますが、大和川の歴史をみても、しばしば氾濫しています。地理学の研究として、しばしば氾濫する川の周りには人は住まず、氾濫する場所は蔵や田畑にしていたという先人の知恵を明らかにしたものもあります。反対にいうと、長年人が住んでいるところは、比較的安全である、ともいえます。

　また、地震による液状化も問題になりました。そういった土地は昔は田や海で、それらを埋め立てた場所に建物を建て、地震で揺れることで液状化が起こるそうです。

　自分の家は、昔は何だったかを知ることで、遭いやすい自然災害を探すことができます。

Point 2　自分の家も、離れて暮らす祖父母の家も

　この単元は、平成29年版の学習指導要領によって新設されたもので、大人は小学生のときに、自分が住む県の自然災害について学んでいません。そのため、学校で学んだことを、家に帰って家族に伝えることは、非常に価値のあることです。このことは、離れて暮らす祖父母に対しても、同じことが言えるでしょう。

離れて暮らすおばあちゃんの家が気になったんだけど……。

質問攻め
やんちゃ君

　離れて暮らす祖父母がいる子どもには是非とも、祖父母が住む場所の昔を調べて、被害に遭いやすい自然災害を調べ、被害を小さくする方法を祖父母にも伝えてほしいものです。また日本中どこであっても被害に遭う可能性のある地震ですが、地震対策も昔と今とでは、色々と変わってきていますし、対策グッズも進化しています。祖父母に伝えることで、祖父母の命を守ることにもつながります。

《参考資料のQRコード》
●今昔マップ on the web

　ある地点の今昔を比較して見ることのできるサイトです。場所によっては、戦前の地図も見ることができます。戦前と現在の地図を比べることで、現在は大都会なのに戦前は田畑が広がっていたり、過去は意外な場所に人口が多かったりと、眺めるだけでも楽しく、多くのことを発見できます。

（山方貴順）

調べたことを世界に一つだけの地図にまとめる Google マップ編

―世界に一つだけの、世界とつながる地図―

【本時の概要】

　Googleマップのマイマップ機能で目的にあった主題図にまとめます。本単元においては、災害からくらしを守るための地域の工夫について調べたことなどを地図にまとめます。その中で、今後想定される災害に対して自分たちにできることを考えようとする態度を養います。
（展開例として４年生を挙げていますが、どの学年の学習においても活用できますので、学習内容に応じて転用させてください）

Point 1 見るものから表現するものへ

　Googleマップの良さは、地図帳に載っていない細かい道まで網羅されていることです。使わない手はありません。また、オンライン上で公開できることは今までになかったことでしょう。URL を共有するだけでなく、iframe で他のサービスに埋め込むこともできます。Google サイトなどで公開するときは、いくつかの地図を並べて埋め込むなど表現方法の幅が広がります。他にも共同編集機能やレイヤ機能などがあります。

　例えば、レイヤ機能は「校区のハザードマップ」という主題図の場合、「避難場所」「水害」「地震」のようにテーマ毎に作成し、表示したいレイヤにチェックを入れると、得たい情報が記された地図が表示されます。かつては OHP シートで重ねて提示していたものが、誰でもいくつでも作成することができます。

作成したレイヤの例

Point 2 校外学習の新しい学びのカタチ

マイマップの地点入力が多い場合は、スプレッドシートなどにピンのタイトル、座標または住所、コメントなどの情報をまとめてから取り込むこともできます。また、ピンの情報の中に写真を入れることもできます。今まではフィールドワークから帰ってきてからまとめ活動をすることが多かったかと思いますが、モバイルルータなどを使ってネットワーク環境を用意すると、現地ですぐに入力することができます。「一人一台端末」時代の「新しい学びのカタチ」といえるでしょう。

子どもがフィールドワークで撮影した写真を入れるとオリジナルマップ度がアップします。

グループやクラスで共同編集をすることで、より多くの視点からの情報が集積し、活動が豊かなものになります。共同編集することによって、自分にはない気づきが生まれたり、得た情報を強化したりすることができます。また、表現のために何を大切にしていくかなど、自然と話し合いが生まれます。

どの学年でも使える便利な方法じゃよ！

ICT博士

自治体や学校のセキュリティポリシーなどの関係で、マイマップ機能が制限されている場合があります。アカウントの状況をご確認ください。次のページでは、できる限りマイマップ機能に近付けたオリジナルマップづくりをご紹介いたします。

《参考資料のQRコード》
● Google Maps マイマップ
チュートリアルを見ながらさっそく作成してみましょう！

（中里彰吾）

調べたことを世界に一つだけの地図にまとめる Scratch 編

―世界に一つだけの世界とつながる地図―

【本時の概要】

　プログラミング的思考を働かせて、目的にあった主題図にまとめます。本単元においては、災害からくらしを守るための地域の工夫について調べたことなどを地図にまとめます。その中で、今後想定される災害に対して自分たちにできることを考えようとする態度や、コンピュータを活用してよりよい社会を築いていこうとする態度を育みます。

Point 1　無限の可能性を生かして

　子どもに人気のプログラミング言語「Scratch」でマップ作成を行います。真っ白なキャンバスに絵を描くように無限の表現方法が考えられます。例えば、先ほどの Google マップでは見られない、建物の中へマッピングが可能になるなど自由度が高まります。公共施設の館内図や校内図をもとにオリジナルの地図をつくっていくことができます。答えがないのがプログラミングですので、どのようにまとめていきたいか自由に考えられるのが最大のメリットです。

　子どもに１からプログラミングを指導する時間ではないことに留意してください。あくまでも表現方法の一つとしての活用です。子どもにまとめさせる場合は、予め作成したテンプレートから内容を変更させるように指導するとよいです。必要な要素を変える作業だけでもプログラミング的思考は十分に働いています。概ね作成できた子どもからオリジナリティを発揮できるようなアレンジの時間をとっていきましょう。

自由すぎるが故に、画面効果の加工ばかりに夢中になるのでは？

どうする？
失敗名人

Point 2 プログラミング的思考を働かせて

　プログラムはできるだけ**シンプル**に。Googleマップ風のマップづくりのプログラムサンプルは以下の通りです。

①白地の背景を地図にします。Googleマップのスクリーンショットを使いました。

②地点に使うブロックはたったの4つです。地点を示すスプライトは旗を選びました。

③「メッセージを送る」を使って写真を表示させます。スプライトに使用する写真をアップロードし、下図のようにブロックを積みます。旗がクリックされる前は非表示にしておく必要があるので、「隠す」を用います。旗に表示させるコメントの合計時間と写真の表示時間を合わせるとよいでしょう（3秒＋3秒なので、「6秒待つ」にしています）。

　プログラミングに長けている子どもは、はるかに上回るマイマップを完成させるかもしれません。世界に一つだけの地図として尊重してあげてください。

　デジタルの良さを発揮しながら、地図にまとめることに着目してきました。授業でねらいたいことや子どもの発達段階などに配慮しながら、子どもたちと一緒にマイマップづくりをお楽しみいただけたら嬉しいです。

Scratchも<iframe>でサイトに埋め込みができるから、たくさんの人に見てもらうことができるのね。

社会科オタク姫

《参考資料のQRコード》

●経済産業省 STEAM ライブラリー

　「地図をどのように活用していけばよいか」を考えるヒントになります。

（中里彰吾）

Yahoo! 地図・Google マップ どちらを使う？

─伝えたいことに応じて、マップの使い分けを─

【本時の概要】

　この単元では、地域の発展に尽くした先人の働きを学習します。子どもにとって当たり前のことでも実は先人の願いがあり、努力したおかげで、今の便利で住みやすい生活があることを理解することを通して、地域に対する誇りや持続可能な社会を担おうとする態度を養うことがポイントとなります。当然、都道府県によって、扱う事例は異なります。ここでは、奈良県の「田畑の水を求めて」という小単元を例に、資料の考え方についてお伝えします。

Point 1　池が表示される Yahoo! 地図と、表示されない Google マップ

　奈良県では、「田畑の水を求めて」という小単元が存在します。奈良県は内陸県であり、多くの人口が住む県北西部の奈良盆地には水量が豊富な川がなく、年間降水量も多くないため、長年水不足に悩まされてきました。そのため、先人は多くのため池をつくって、水不足に備えました。

　上の、先人はため池をつくったことを子どもに伝えるには、右と左、どちらの地図で伝えるのがよいでしょうか。

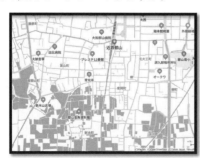

左が Yahoo! 地図、右が Google マップ。

一見違う土地に見える2つの地図ですが、実はほぼ同じ場所を表示しています。「昔の奈良の人々は、ため池を多くつくって、水不足に備えていた」とつかませるには、圧倒的に左側の、Yahoo! 地図の方が有効でしょう。

申し訳ないことに、どうしてこのような差が生じるのか、詳しいことは省略しますが、地図をもとに子どもたちにつかませたいことがある場合には、同じ場所を2つの地図で表示してみることをおすすめします。

Point 2 学校名が表示される Yahoo! 地図と、表示されない Google マップ

前ページと同様、左が Yahoo! 地図、右が Google マップ。

ほぼ同じ場所を示している、上の2つの地図を比較してください。左のYahoo! 地図の右上部には、私が勤務する奈良市立都跡小学校が表示されていますが、右の Google マップには表示されていません。

この例でも明らかなように、地図によって、表示されるもの、表示されないものがあります。使い慣れた同じ地図を使いたくなりますが、どちらの資料・地図を使えばよいのか、伝えたいことに応じて、地図を変えるようにしてください。

《参考資料のQRコード》

● Yahoo! 地図

　Yahoo! のトップページから、「地図」のタブをクリックしても、地図が出てきます。

（山方貴順）

Google Earth でできる
事例地と自宅の比較

―ストリートビューで空から陸から見てみよう―

【本時の概要】

　この単元は、県内の特色ある地域を取り上げて、自分たちの住んでいる市と比較しながら、特色あるまちづくりや観光などの産業の発展に努めていることを理解させることが特徴です。その際には、事例に応じて、自然環境か伝統的な文化を扱うこととあります。ここでは、自然環境を扱う際の、Google Earth の使用例をお伝えします。なお、Google Earth は、PC ではブラウザ上でも見ることができるようになっているため、無理にアプリをダウンロードする必要はありません。

Point 1 事例地を空から見て、標高も調べてみましょう！

　2022 年度、4 年生を担任している私は、本単元の事例として、奈良県五條市の柿づくりを取り上げました。五條市は、柿の生産量全国一位を誇り、私も何度か訪れました。あたり一面柿の木が生えており、柿の木の量に圧倒されました。「百聞は一見に如かず」で、Google Earth を使うことで、いかに柿の木が多いか、一目で理解することができます。

　また、五條市は柿の栽培の適地であり、自然条件が適います。例えば標高は 100 〜 400 mの中山間地域が柿栽培の適地なのですが、Google Earth の画面右下には、標高が示されています（右の画像では約 250 m）。

五條市の柿畑

Google Earth の右下には、標高が示されているのね！

社会科オタク姫

また、4年生の子どもからすると（多くの大人もそうでしょうが）、自分の家や、自分が生活している場所の標高は知らないものです。そこで、次は「自分の住んでいるところと比べてみましょう」と指示をすることで、冒頭で述べた「自分たちの住んでいる市との比較」を、先生に言われるから嫌々比較するのではなく、自分から主体的にしたくなるはずです。なお、私が勤務する奈良市立都跡小学校付近の標高は約60mでしたので、五條市の方が200mほども高いことがわかります。

Point 2 Google マップでもおなじみのストリートビューも

Google Earth は、Googleマップでおなじみのストリートビューも使うことができます。こうすることで、柿畑を、空の上や横から見ることができます。なお、柿の木は折れやすいため、登る必要がないよう、あまり高くならないように育てるそうです。柿の木を横から見ることで、空からだけではわからなかった、柿の木の高さも理解することができます。

上から、横から、柿畑の様子を見ることができます

過去の様子も見られるが、過去を見るには、Googleマップの方が楽かのう。

なお、ストリートビューは過去のものも閲覧可能ですが、Google マップでのストリートビューの方が楽に過去のものを見ることができます。

《参考資料のQRコード》
● Google Earth

Google Earth とは、Google によるバーチャル地球儀システムです。以前は、アプリをダウンロードする必要がありましたが、現在は Web版が公開されており、インターネットに繋ぎさえすれば、使用することができます。

（山方貴順）

データとGoogle Earthを使って函館市について考える

―函館市はなぜ魅力的なまちなのか？―

【本時の概要】

　4年生の学習「特色ある地域と人々のくらし」の中で、「歴史ある港まち函館市」を取り上げます。全国でも有数の人気観光地である函館市。「函館市ってどんな街なのだろう？」と函館市に観光客が集まる理由を考える1時間にします。子どもたちは「夜景」「水産物」「歴史」そして「街並み」と様々な視点で人気の秘密を予想していきます。そこで、実際にどのような街か全体で確かめるためにGoogle Earthを活用します。

Point 1 「なぜ魅力的なまちなのか」データをもとに考える

　単元の入り口として、「市町村魅力度ランキング」のデータの活用は有効です。函館市は毎年、上位にランキングし、2018〜19年には1位を獲得しています。「なぜ、毎年魅力的な街として評価されているのか。」「函館市のどのようなところが魅力的なのか。」子どもたちから、データをもとに問いを生んでいきます。「夜景が有名だよ。」「食べ物がおいしい。」「街並みがきれい。」と学習問題に対して、たくさんの予想が生まれてきます。この予想をもとに学習計画を立てていくとよいでしょう。子どもたちの「なぜ？」という思いを引き出し、学習問題→予想→学習計画の流れを子どもたちとつくっていくことが主体的な学びへとつながっていきます。

市町村魅力度ランキング2022
（ブランド総合研究所）

1位	札幌市
2位	京都市
3位	函館市
4位	横浜市
5位	小樽市
6位	神戸市
7位	鎌倉市
8位	金沢市
9位	那覇市
10位	石垣市

データをもとに函館市について調べるきっかけをつくります。

函館市以外の町でもこのランキングは活用できそうですね！

社会科オタク姫

Point 2 Google Earth で行く函館旅行

函館市の魅力について予想していく上で、生活経験や TV などメディアの情報から考えていきます。そこで、Google Earth を活用して、街の様子を見ることが有効です。「今から、みんなで Google Earth を使って函館旅行に行くよ。」と教師が声を掛けると、子どもたちは目を輝かせて授業に参加します。「坂から見る街並みがきれいだ。」「歴史ある建物が多いよ。」「地形が変わった形をしているよ。」と Google Earth の衛星画像を活用すると様々な発見をします。また、ストリートビュー機能使うと、実際にその土地に立って街の様子を見ているような気分になります。授業で行く「Google Earth 旅行」です。

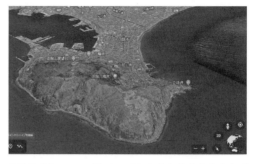

2Dや3D、アップとルーズと色々な角度や大きさでその土地の様子を見ることで、たくさんの気づきができてきます。

ストリートビュー機能を活用すると、現地の建物などをアップで見ることができます。「日本っぽくない建物が函館市には多い…！」「なぜ…？」

社会科では4年生以降、自分が住んでいる土地以外の事象について学習していきます。いかに、その自分と事象を近づけるかが大事です。今回は函館市を例に紹介しましたが、5年生「自動車工場」の学習ではトヨタの本社がある「愛知県豊田市」の様子を見たり、6年生の歴史学習では大阪府堺市にある「大仙古墳」を見て大きさを実感したりと、様々な学習で Google Earth は効果的です。ぜひ、実感を伴う疑似現地見学として、活用してみてください。

《参考資料のQRコード》
●地域ブランド調査2022
　都道府県や市町村の魅力度ランキングが掲載されています。

（土岐友哉）

Google スライドで 地域の魅力を発信

―４つの地域をプレゼンしよう―

【本時の概要】

　学級を沖縄県班、北海道班、岐阜県班、群馬県班の４つのグループに分け、グループごとにその地域の気候、衣食住などの生活の様子、産業などの特色についてまとめさせます。教科書や資料集も活用しながら４つの地域をそれぞれがまとめ、魅力を発信させます。そうすることで、教科書の選択教材をすべて網羅することができます。

Point 1 Google スライドで作成するときは事前に調べさせることを決めて

　どのような構成で Google スライドを作成するか、事前につくっておきましょう。自由に作成させると観光メインになりがちです。楽しんで取り組んでくれますが、それでは社会科のねらいからずれがちです。調べさせたい内容は全体で共有しましょう。

　ここへ子どもが情報を埋め込んでいくイメージです。発表会があるので、もちろんセリフも考えます。スライドの一枚一枚にセリフが書き込めるようになっています。そちらも活用してください。

質問攻め
やんちゃ君

つくると紙芝居みたいでおもしろい！ でも書く項目が決められているから好き勝手はできないな。

Point 2 Google スライドの機能を使い、プレゼンテーション

スライドは同時に作成可能ですので、それぞれどのスライドを担当するかを決めれば早速作業に取り掛かれます。誰かがやってくれるという甘い考えをもっていては仕上がりません。

そしていよいよプレゼンのとき。

右上のスライドショーを押すとプレゼンター表示モードになります。タイマーを利用したり、次のスライドの情報が表示されたりと、とても便利です。

さらにそれぞれのプレゼンを行った後、行きたい地域を投票で決めました。Google Forms で行うとその場で結果が見られるので、自分の発表が見る側にどう伝わったのかがわかります。

行きたい地域として選んでもらうためには、その地域の魅力中心にプレゼンを行うことになります。単元の終末では、それぞれの地域では気候や地形に合わせてくらしや産業を行っていることをしっかり押さえました。

《参考資料のQRコード》
●るるぶKids

47 都道府県の特徴を漫画で学べます。歴史や産業についても詳しく載っていて大人でも楽しめます。

（清水雅代）

Google Formsの結果をもとに考えを振り返る

―アンケート結果から議論を生む―

【本時の概要】

　本時は、単元の終わりである「まとめる」の活動として、嬬恋村のキャベツ栽培についてノートにまとめる実践を紹介しています。高い土地や種をまくタイミング、土づくりなど、キャベツ栽培の工程を見直し、高原野菜の特色や高地のくらしの様子について振り返っていきます。1時間ずつまとめることも大切ですが、単元を通して「何を学んだのか」「高い土地のくらしの工夫とは○○」といったように、子どもが単元の学習について端的に説明できるようにすることが大切です。

Point 1　Google Forms でアンケートを取って考えを決める

　Google Forms で選択・判断する場面をつくります。本時では、「あなたがキャベツづくりの工程の中で一番大切だと思ったのはどれですか？」と問いました。子どもは、単元の学びを振り返ってキャベツづくりで一番大切と考えたものを選びます。

　ここで重要なのは、あえて一つだけ選ばせることです。すると、単元で学んできた事実にもとづき、最も根拠があるものを一つ選ぶことになるため、自分の考えを明確にできます。

　他にも、理由を書く欄や名前を書く欄をつくり、子どもから選択の理由を聞き出すこともできます。また、シンプルにこのアンケートだけを配付してもよいでしょう。こうして

「ラジオボタン」で回答を作成すると、一つしか選べない設定になります。

ハンドサインで答えるよりも細かい子どもの思考の傾向を把握することができるのじゃ。

できたグラフは子どもの思考を活性させるのに十分な資料になるのです。

Point 2 アンケート結果の分析から子どもの思考を活性化する

右の子どもたちのアンケート結果をご覧ください。種まきが一番大切だと考える子どもが最も多く、続いて、土づくり、畑の管理が同数で並びました。

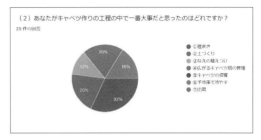

32％で種まきが1番。続いて土づくりと広がるキャベツ畑の管理が20％で意見が分かれました。

ここで、「種まき」がキャベツのできに大きく関係する理由は何なのか、子どもたちに聞いてみましょう。子どもが平地と異なる平均気温や盆地ならではの1日の気温の変化を根拠に話していれば、それは立派に社会的な見方・考え方が鍛えられている証拠。しっかりと褒めていきましょう。他にも、「土づくり」を選んだ子どもは、農業の決め手が土であることに早くも気づき始めている証拠。ぜひともこうした、社会的な見方・考え方を引き出して黒板に書くなど評価したいところ。

社会的な見方・考え方を活用させたければ、そうした姿を見せた子どもを把握し、すかさず褒めましょう。

社会科オタク姫

ここで、選択した理由を次々に発表させていくと、意見の食い違いから子どもたちが議論を始めるようになります。こうなったら期待通り。議論を通して、相手の考えを受け入れたり、相手が納得できるようなより論理性、客観性のある理由を述べるようになったりするので、子どもの思考は非常に活性化されます。

互いの考えの違いを引き出すことで、子どもたちが社会科を「暗記教科」としてではなく、議論と事実の検証を繰り返す「思考を活性させる教科」と思うようになり、夢中になって学習に取り組めるようになることでしょう。

《参考資料のQRコード》
●嬬恋村ポータルサイト

村の公式ページや観光協会のページ、移住定住に向けたポータルサイトなど、嬬恋村は、ここから入ると一通り調べられます。

（佐々木英明）

スクールタクトや動画を使って考えやイメージを共有しよう！

―機械化が進んだってどういうこと？―

【本時の概要】

　昔に比べて、米作りに携わる人数や労働時間は大きく変化しました。「なぜ、昔に比べて作業する人や時間が大幅に減ったのか。」という問いから、社会的事象の意味を考える１時間とします。子どもたちは「機械化」や「耕地整理」に着目して考えていきます。問いについて自分の考えが持てない子へのアプローチ、「機械化」の具体的なイメージをもつための手立てとしてスクールタクトや動画（NHK for school）を活用します。

Point 1 「キーワード」を共有する

　一人ひとりの子どもを見てみると、学習問題に対して、なかなか自分の考えをもてない子がいると思います。そこで、活用するのがスクールタクトの「ワードクラウド」機能です。子どもたちの問いに対する考えを「キーワード」として打ち込み、この機能を使うことで全体の中で共有化していきます。考えがもてなかった子も、このキーワードを見ることで、自分の考えのヒントになったり、新たな気づきが生まれたりする手立てとなり有効的です。また、キーワードを記入した子どもがわかる機能があるので、教師側として

TVなどにテキスト解析を映し続けることで共有化を図り、考える手立てとします。

どんなキーワードを書いてあるのか、可視化できます。

も全体交流の時に意図的に指名したい時や、小さな意見などを拾い上げる時など
に活用することができます。

Point 2 授業の終末に動画を見ることでイメージを共有する

子どもたちは農作業の時間や人が
減ったことに対して「機械化が進み楽
になった。」「速く作業ができる。」など
考えを伝え合いました。しかし、「機
械の作業がどのくらい速いのか。」な
ど全員のイメージは同じではありませ
ん。それは、実際にコンバインやトラ
クターなど見たことがない子どもがほ
とんどだからです。そこで、イメージ
を共有化するために「動画」を見せま
す。NHK for School にある検索でキー
ワードを打ち込むと、関連する動画が
たくさん出てきます。特に「クリップ」
は動画時間が1～3分と、短い時間で
視聴できます。見るタイミングは、子
どもたちが問いについて話し合った後、
「検証の場」として授業の終末をおすす
めします。

動画見ることで、「とても速い。」「農家
さんが楽だよ。」と実感を伴った発言が
生まれてきます。

いろんな単元でも動画を
有効活用できそう！

《参考資料のQRコード》
●スクールタクト
ICTを活用した授業ができる授業支援クラウド。様々な導入事例や授
業事例も掲載されています。

● NHK for School
NHKが制作する学校教育向けの番組を2000本以上、簡潔にまとめ
た動画「クリップ」を7000本以上配信しています。

（土岐友哉）

　　5年生『水産業のさかんな地域』

Googleスライドの共同編集機能を利用したシミュレーション活動

―操作活動で養殖業と栽培漁業の違いをつかむ―

【本時の概要】

　本時は、水産業の漁法であるつくり育てる漁業について学習します。養殖業と栽培漁業について調べそれぞれの特徴をつかんでいく中で、漁獲量の安定と持続可能な水産業を目指す水産業に携わる人々の工夫について考えていきます。教科書では、本文のほかに写真としくみを捉えるためのイラストが掲載されているほか、「全国海水養魚協会」や「全国豊かな海づくり推進協会」のホームページに動画やパンフレットがアップされており、詳しく調べることができるようになっています。

Point 1　いけすと海のスペースを分け、成魚、稚魚、卵を準備

　養殖業と栽培漁業では漁法が大きく異なります。養殖業は稚魚から成魚になるまでいけすで育てますが、栽培漁業は生存率の低い稚魚までを生けすで育てた後、自然に返し、魚の生まれ育った場所に戻ってくる習性を生かして収穫します。養殖業よりも生存率は下がるものの、ある程度安定した収穫量があり、丈夫で普通の漁と変わらない食味の魚を収穫することができるのです。

養殖業は収穫までいけすで育てる（上）が、栽培漁業は稚魚を海に放ち、戻ってきた成魚を収穫する（左）。

　4つの部屋のあるいけすのシートをグループに1枚配付し、卵、稚魚、成魚のカードを一人1枚渡します。グループの中で、卵を一つのいけすに集める所から活動をスタート。稚魚になるのはどこか、稚魚がえさを食べて成長するのはどこかと、その後の魚の動きを考えさせていきます。

　説明を読んだり動画を見たりするよりも、実際に稚魚や成魚を動かして卵が返る場所や稚魚が成長する場所を確認したほうが、より漁を具体的にイメージできます。「養殖業は大人までいけすにいるね」「栽培漁業は稚魚をいけすの外に動かして、海で成長させるように泳がせよう」などと、漁師の気持ちになって楽しみながら活動し、理解できるためおすすめです。

当事者の立場で考えるためにシミュレーション活動が効果的ですよ。

社会科オタク姫

Point 2 Point ①を Google スライドでつくると全てテレビゲーム感覚に

　この活動を Google スライドで行うこともできます。右のように上を港の養殖場に見立て、4つのいけすを用意します。下のスペースを海とするのです。

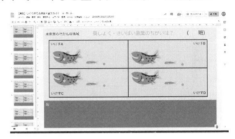

スライドはグループの数だけ用意し、それぞれのスライドがグループの「部屋」となって、シミュレーション活動をすることができます。

　いけすの中は、アナログ盤と同様に4つずつ卵と稚魚、成魚を入れておきます。あとは「共同編集」をオンにするだけ。稚魚と成魚を端に除けさせ、卵を一つのいけすに集めたら活動はスタート。その後は、アナログと同じ活動ができます。「あってるかな。」「そこは違うんじゃない。」と相談しながら、養殖業と栽培漁業をそれぞれ体験させていきます。

Google スライドは図形やイラストを子どもが操作できるのでシミュレーション活動に向いているぞ。

ICT博士

　端末での活動になるので、子どもたちにとっては、テレビゲームをしている感覚です。大きく盛り上がりながら、二つの漁の違いを自分で操作できるシミュレーション活動は理解を深めることでしょう。

《参考資料のQRコード》
●ウォールド君のお魚大百科
　一般社団法人全国養殖魚協会のサイトで、小学生でも分かるように養殖業の動画やパンフレットがアップされています。

（佐々木英明）

Googleスプレッドシートで 学びの積み重ねを共有

── 「振り返り」を共有することで学びを深める──

【本時の概要】

この単元は4時間。冒頭に日本の食料生産をめぐる課題を確認した後、毎時間、課題と解決方法について調べ考えていきます。日本の食料自給率の低下や外国産製品との価格比較、輸入量の増加といった供給に関わる課題を捉えるとともに、産地偽装事件をきっかけにしたトレーサビリティの取り組みや衛生管理といった食の安全に関する取り組みについて調べます。最後の時間には、土地利用の変化を捉えつつ、地産地消の取り組みを通して持続可能な食料生産のあり方を考えていきます。

Point 1 ── 一枚の絵をじっくりと見せたいときには絵を背景に入れる

1時間目の冒頭に、「日本の食料生産の一番の課題だと思うことは何か」と発問し、生活経験や前単元の学習から多くの課題があることを確認していきます。この後、スプレッドシートに現時点での課題とその解決方法を記入させていきます。

その後、単元の1時間目のページに目を通して日本が抱える食料生産の課題を確認し、各時間で調べていく「問い」をつくります。これをスプレッドシートの一番上の欄に記入し、子どもたちが毎時間調べてわかったことを自分のセルに振り返りとして記入していくのです。

この方法によって、1枚のシートで単元の

学びが見えることになる上に、周りの子どもが書いた振り返りを読むこともできます。社会科が苦手な子は、１時間の学びを文章でまとめる「振り返り」がうまく書けないことが多いです。他の子どもの振り返りを読めるようにして、「苦手な人は周りの振り返りを読んで参考にして、自分の言葉でまとめてみよう」と言ってあげると、文章で振り返りをまとめられるようになります。

　社会科が得意な子にとっては、学びを深めるチャンスです。自分と同じ考えや違う考えに触れて全体の考えの傾向性をつかみながら、一度考えた振り返りを変えたり書き足したりすることができます。

Point 2 他の人のセルを消さないようにする工夫

　共同編集機能が好まれない理由の一つに子ども同士で書いた文章を消し合ったり、勝手に変えられたりすることが挙げられるのではないでしょうか。

　荒れた学級だと共同編集機能の使いどころをかなり吟味する必要があるものの、通常、子どもたちは慣れていくに従って「誤って」他人のセルを消すということは減っていきます。スプレッドシートは、それでも「誤って」消してしまう可能性が高いです。というのも、セルの中に文章を打ち終わってから、エンターキーを押すとカーソルが下のセルに移動してしまうのです。

　自分が書いた振り返りが消えちゃった！　どうする？失敗名人

「表示形式」から、「交互の背景色」で好きなパターンを選びましょう。スタイリッシュなシートで見やすくなります。

　スプレッドシートで共同編集をするときは、子どもが入力する行と行の間に、「何も書き込まない行」を作りましょう。さらに、書き込む行と何も書かない行を区別するのに、「交互の背景色」の設定にします。すると、左ページの様に白いセルにのみ子どもが記述することになり、「誤って」他人のセルを消すことが少なくなります。

《参考資料のQRコード》

●知ってる？日本の食糧事情（農林水産省）
　食料安全保障と食料自給についてのデータや具体的な取り組みの事例を調べることができます。

（佐々木英明）

ロイロで食料生産の謎を解き明かす

―個人からグループでの活動へ―

【本時の概要】

　我が国の食料生産は、国民の食料を確保する重要な役割を果たしていることや、これからの食料生産について、重大な課題があることを理解できるようにするとともに、各種資料で必要なことを調べ、適切にまとめることができることを目標にします。

Point 1　個別の学習からスタート

　日本の食料自給率の低さについて知った子どもたちに、その理由を予想させます。様々な予想をカテゴリー分けしておきましょう。

　その後、一人ひとりこの中で自分が追究したいものを決め、調べさせます。下のようなテキストを教師から全員へ送り、子どもはここにまとめていきます。このテキストの中にはさらに４つのテキストが貼られています。上から「なぜ？」「わかったこと」「？の答え」「思ったこと」と書いたテキストです。これは、思考の過程を表しています。まずは「なぜ？」という部分を考えさせ、インターネットやお家の人への聞き取りなどから「わかったこと」へ打ち込みます。「なぜ？」と「？の答え」のテキストは同じ色にしておき、問題と答えをリンクさせながら書けるよう視覚

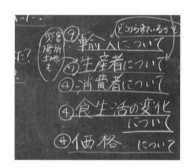

実際にカテゴリー分けした様子

資料 A

的に工夫します。そこから「思ったこと」を書いて完成になります。「わかったこと」だけにならぬよう、そこから何を考えたかまで指導しましょう。そこが思考力・判断力・表現力につながります。

　グループ活動からスタートすると他人任せになってしまいがちの子どもにおすすめ。自分が興味のあるものについて、まずは向き合わせてみましょう。

Point 2 テキストをつなげるとグループ発表の資料が完成

さらに個別学習をグループ学習へと発展させます。同じカテゴリー同士で調べたものについて発表をします。

資料Aを児童間通信させてもおもしろいだろうのう。

　児童間通信のロックを解除し、やりとりができるようにします（ただし一つのタブレットに送信させるようにしましょう）。資料Aで、それぞれが書いていた「なぜ？」のテキストの部分だけを一つのタブレットに送信し、一枚にまとめさせます（下の図）。そして、各々の「わかったこと」のテキストだけ抜き出し、次はテキストを全員分つなげます。他、「？の答え」や「思ったこと」も一か所に集め、つなげていきます。そうすると膨大な発表の資料が完成します。これは近距離でなかなかグループ活動ができないときに取り組みました。「個人での活動ばかりにならぬよう、そんな中でも他者の考えに触れられるには？」と考えました。

グループの人数分資料が集まります。

《参考資料のQRコード》
●農林水産省「ニッポン食べもの力見っけ隊」
　小学生にもわかりやすく、食料自給率についてまとめています。他に「食料自給力ってなあに？」という動画もあり、授業で活用できます。

（清水雅代）

Google Formsで
消費者アンケート

―みんなはどっち？　国産派？　外国産派？―

【本時の概要】

　輸入など外国との関わり、食料自給率の変化、生産量や働く人の変化などに着目し、食料生産や食料輸入の概要をとらえ、これからの我が国の食料生産のあり方について、生産者と消費者の立場から多角的に考え、表現することができることを目標とします。ここでは消費者側がどのように判断をして、普段消費行動をしているかを突き止めます。

Point 1 Google Forms のアンケートで多角的に考える

　Google Forms で右のようなアンケートを行います。

　我が国の食料生産が低い理由を探るため、身近な消費者であるお家の方にアンケートを取りたい！と子どもが作成しました。

　保護者向けのアンケートでは、「国産か外国産かどちらを買いますか」の質問から「それぞれのメリット、デメリットは何ですか」と聞きます。保護者はとても協力的で、学級のほとんどの方が回答してくださりました。ただし、そのためにはきちんとアンケートの趣旨を説明しておく必要はあります。

　また近い将来、消費者の仲間入りをする子どもに向けても、保護者向けと同じ質問項目アンケートを取ります。大人になって買い物をする

保護者向けのアンケート

児童向けのアンケートの結果の一部

際にはどうしたいかを考えさせることにもなります。実際の消費者の考えと子どもの考えとを比較すると、興味深い結果になりますが、知識がないまま選択させるのは想像の中での回答になってしますので、アンケート比較をする意味をなしません。根拠をもって考えさせるためにも国産と外国産について学習をした後に行いましょう。

Point 2 下と比較したことをまとめ、読み取ろう

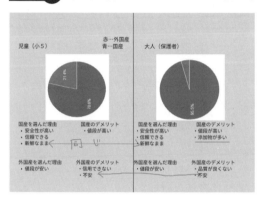

アンケートを取った後は分析に移ります。2つのアンケートによってどうしてだろう？と比較することができ、子どもは考えを深めることができます。

ここでは、一枚で対比できるようにしてあります。ここでのポイントは外国産の商品を全否定するものにならないようにすることです。その後、輸入に頼れるところは頼りつつ、国内産の力を高めないと私たちの食生活が脅かされることに迫れるようにします。そして自給率を上げるための方法を、小学校5年生の目線で何ができるのか考えださせるとよいでしょう。

> この単元は農業や水産業の既習事項と絡めてするといいわ！
>
> 社会科オタク姫

《参考資料のQRコード》
●農林水産省 『食料品消費モニター調査結果』
　お家の方だけのアンケートでは満足いかなければぜひ！

●内閣府 『世論調査』
　かなり細かく食料輸入に対する国民の意識が載っています。子ども向けというより、指導者が教材研究する際に役立ちそうです。内閣府の調査ですので信憑性が高いです。

（清水雅代）

ロイロ・Googleスライド・Canvaから自分にあった方法を選ぶ

―これからの日本の食料生産について呼びかけよう―

【本時の概要】

　本時までに、輸入など外国との関わり、食料自給率の変化、生産量や働く人の変化などに着目し、食料生産や食料輸入の概要を捉え、これからの我が国の食料生産のあり方について学習を進めてきました。そこで、自分たちにできることは何かを考えさせ、それを他者へ発信する活動を取り入れます。

Point 1 　様々なツールから自分にあった方法を選ぶ

　今後日本の食料生産が先行き不透明な点から、食料自給率を上げていかなければいけないことを前提にして話し合わせましょう。さらに日本の食料生産でわたしたちが考えないといけないことは何かを出し合わせます。今すぐに行えない(大人になってから取り組むような）ことでも出させます。

　その考えをもとに、食料自給率を高める必要性をクラス以外のだれかへ訴える場を設定します。その思いをどのように表現するかは得手不得手があるため、子どもたちに選択肢を与えてもよいでしょう。ただし、何を伝えたいのかをしっかり定めてから行ってください。活動あって中身なし、ではせっかく培ってきた知識がもったいないです。

Point 2 　それぞれのツールの良さ

・ロイロノート

　音声のみの録音や動画撮影機能があるので、CMづくりに適しています。画面に書き込みしたりスローモーションなど速さを変更したりできます。何度も撮り直しができてCM撮影のように楽しめます。

・Google スライド

　ネット上にある資料を引用可能。紙芝居の
ように何枚にもわたって説明することができ
ます。共有で複数人同時に編集もできます。

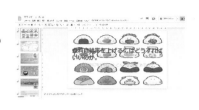

・Canva

　おしゃれなデザインソフトのCanva。プレゼ
ンテーションソフトですが印刷すればポスター
もできます。Google ドキュメントでポスターを
つくるよりも豊富なデザインから背景を選べるのが特徴で
す。共有もでき、同時に作成も便利です。しかし一方で、
見た目に凝ってしまい、何を書きたかったのか見失ってし
まうこともあるので、中身が定まっていないのであれば、
あえてドキュメントを使用することをおすすめします。ま
た、有料の部分がありますので要注意。

・手書き

　手書きはタブレットの技術がなくても自由に紙に描けて、
のびのびと作成することができます。立体的につくること
もできます。グラフなどの資料は印刷しなければ貼り付け
できませんが、タブレットに劣らない仕上がりにもなりま
す。

　どのツールでもかかる時間はほぼ同じでした。得意なも
のを選んで作成するとよいでしょう。出来上がったポスター
は学級通信に載せ、お家の方へ啓発も行いました。またせっかくですので、でき
たものは隔週で来られる栄養士さんへ発表し、見ていただきました。

様々な手段を紹介したが楽
しさがメインにならぬよう、
中身第一に考えるのだ。

どうする？
失敗名人

《参考資料のQRコード》
● 【JA グループ公式】TVCM「乃木坂46 が国消国産を応援します」
　（15秒 ver）

　国産国消をテーマにしたアイドルグループの CM で、短時間にどん
なことをのせればよいかを参考にしました。

（清水雅代）

ロイロで一目瞭然　学びの変容

―色で分かるポートフォリオ―

【本時の概要】

　本単元では、我が国の食料生産や食料輸入などについて、学習問題などの解決に向けて意欲的に追究するとともに、これからの我が国の食料生産のあり方について自分なりの考えをもつことができるようにします。

　学習を行うにあたっては、考えを書く際に根拠とした資料もつけて提出させるなど、子どもの学びを見取るために振り返り方法を工夫し指導と評価の一体化を図ります。

Point 1　ロイロノートスクールのテキストを使って学びを蓄積していく

　毎時間の最後に、その時間のまとめを書かせます。そこで考えを書く際に、右のテキストを全員に配付します。授業内で使用した写真やグラフなどの資料とともに板書の写真も送ります。

　また、考えの根拠とした資料もつけて提出させるなど、子どもの学びを見取るための振り返り方法を工夫します。子ども自身が一枚のテキストを見るだけで全時間の振り返りを見ることができたり、回答共有することで子ども相互に互いの考えを交流したりすることができる良さもあります。

　第3学年でもロイロを使って学びの変

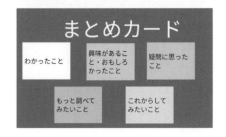

容を見取る方法をお伝えしました。今回は第５学年ということで、少しレベルアップしたものを紹介します。ずばり、視覚でわかる学びの変容です。

まとめを書かせるテキストの色に意味をもたせます。「わかったこと」は白色、「興味があること・おもしろかったこと」はピンク色、「疑問に思ったこと」は水色、「もっと調べてみたいこと」はオレンジ色、「これからしてみたいこと」は黄緑色のテキストに分けました。

まとめるときに分別しながらそれと同時に書かせます。書くことがどれに当てはまるのか判断が難しい場合はノートに一旦書かせ、それを写真に撮り、テキストに貼り付けてもよいでしょう。

書きたいことが浮かんだのに、色を選んでいるうちに忘れることがあったよ。そんな時は無理せず、まず書き出すことからしようね。

どうする？失敗名人

Point 2 色分けで分かること

単元がすすむにつれて知識を獲得していく子どもは、もっと調べてみたいことやこれからしてみたいことが増えるようになります。テキストを見ていても子どもはそれに気づくはずです。

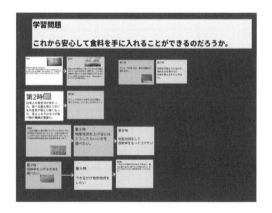

もちろん単元導入で「これからしてみたいこと」を書いても構いません。ですが終末にはそれとはまた違った深まりのある言葉で書き表していることでしょう。それに発見した子どもは自分の成長にも気づきます。

指導者側も毎時の子どもの反応を見ることができ、その後の指導に生かせます。

《参考資料のQRコード》
●みんなの教育技術「ポートフォリオ」とは？【知っておきたい教育用語】
ポートフォリオの意義をわかりやすく解説しています。子どもの学びを一目で見てわかるように、一枚にまとめたものが一枚ポートフォリオです。

（清水雅代）

オンラインでできる 自動車見学とゲーム学習

―YouTube 見学と企業 HP のシミュレーションの活用―

【本時の概要】

　自動車会社には部品工場と組み立て工場があることを知り、それぞれの仕組みについて調べる時間です。それぞれ1時間ずつ、2時間かけて調べていきます。教科書では、組み立て工場、部品工場の順番で掲載されていますが、実情に合わせた順番で調べていくとよいでしょう。組み立て工場では、人とロボットが役割を分担して流れ作業で自動車が完成する様子を調べていきます。部品工場では、さらに細かい部品や材料を生産する関連工場との協力の仕組みを調べていくようにします。

Point 1 新しい見学の形「リモート工場見学」「YouTube 見学」

　トヨタ本社工場の見学は、Zoom または Microsoft Teams でアクセスし、見学窓口の方が初めから終わりまで授業をしてくれます。事前に届けられたパンフレットに沿って進められ、従業員や工場数などの会社の概要を教えてもらえるほか、動画で生産ラインを見ることもできます。授業の終わりには質疑応答の時間

トヨタ本社工場の案内の方と顔を見て質疑応答ができるので、積極的に学ぶことができます。

もあるので、聞きそびれたことを確認するのはもちろんのこと、単元の学習の中で生まれた疑問にも丁寧に答えてくれます。

　トヨタ自動車北海道では、部品工場でエンジンやオートマチック車に搭載されている無段変速機（CVT）の生産をしています。このホームページでは、「バー

チャルファクトリーツアー」と題して工場案内の動画を YouTube で見られるため、部品が作られて組み立て工場に行くまでの様子や細かい部品をつくる関連工場を含めて生産ライン全体の流れをつかむことができます。

　Honda や日産車体、三菱自動車でもオンライン見学サイトが用意されていて、子どもが自分で興味のあるところをイラストや写真、動画を見ることができます。

5本の動画で合計 35 分。1 時間の授業で一通り確認することも、必要なところだけ見ることも可能です。

Point 2 ゲーム感覚で持続可能な工業生産を学ぶ

　トヨタ自動車には、「カーアンドエコゲーム」というゲームサイトがあります。自動車の経営者になって、自動車生産は環境悪化を招くことを前提に、環境保全に向けた工場や自動車、社会貢献活動への投資をしながら、自動車の研究開発、生産を進め、利益を上げていくゲームです。

ゲームで学べるサイトじゃぞ！

ICT博士

　すごろく形式でマスを進めながら、自動車の「研究開発」か工場の「エコ設備」に投資をしていきます。途中にはイベントやトラブルのマスもあり、自分の考え以外の要因で経営に影響が出ることを実感できます。

　子どもはゲーム好きであることが多いので、端末からオンラインでできるゲームも上手に学習に活用していきたいものです。

環境によい車を生産することで販売価格も上がるため、ゲームをより有利に進めることができます。

《参考資料のQRコード》
●トヨタクルマこどもサイト
　小学生向けに作られており、動画やゲームを通して自動車づくりを学ぶことができます。

（佐々木英明）

Google Jamboardで
多角的・多面的に考えを広げる

―立場や視点を明らかにした付箋の書き方―

【本時の概要】

　自動車会社の原料・製品の輸出入の様子と現地生産の様子を調べる1時間です。自動車会社が原料を輸入し、優れた技術によって自動車を生産し世界各地に輸出している様子を写真や地図資料から調べていきます。また、現地生産によって外国の生産技術を高め、経済振興に貢献している様子を捉えていきます。現地生産の意味を考える活動によってSDGsの視点と関連付け、貿易摩擦問題を解決し持続可能な工業生産を続けようとする自動車会社の工夫に迫ることできます。

Point 1 調べる立場ごとにシートを使い分ける

　始めに、加工貿易によって日本が貿易黒字になる仕組みを教えます。その後、現地生産の様子を伝えることで、「自動車を日本で生産して輸出したほうがもうかるはずなのに、なぜ現地生産するのだろう？」と子どもから問いを生み出すことができます。

　調べ学習では、Google Jamboardを使って現地生産による影響を調べ、気づいたことを付箋に記入させます。現地生産国とトヨタ本社の二つのシートをそれぞれ配付し、左側にメリット、右側にはデメリットを記入するように伝えます。メリットばかり考えさせる

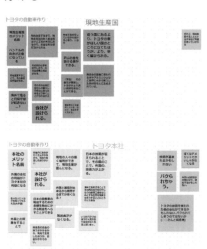

現地生産国とトヨタ本社の二つの立場で付箋に記入していきます。現地生産のメリットがはっきりとわかるようになります。

と、「デメリットがあるはずだ」「トヨタはやっぱり損
をするよ」という、教室内の同調圧力に屈しないでみ
んなの思考を広げる発言が生まれません。教師主導で
同一方向に進めるのではなく、子どもが個々に抱く問
いを解決できるような展開にしたいものです。

現地生産ってトヨタはもうけ
ないんじゃない？

質問攻め
やんちゃ君

　これによって、現地生産が「現地生産国」と「トヨタ本社」の双方にメリット
があり、最終的にトヨタ本社の発展にもつながる仕組みを読み解くことができる
のです。

Point 2 SDGs のゴールを確認して関連付ける

　振り返りでは、単元で学んできた
トヨタの取り組みをSDGsと関連付
ける活動を行うとよいでしょう。

　SDGs の 17 のゴールの図を入れ
てシートを配ります。この図は、「画
像を追加」ではなく「背景を設定」
から入れるようにしましょう。「画
像を追加」で入れると、子どもがそ
れを動かせてしまいます。考えるヒ
ントとして読ませたい図なのに、動
いたり大きさが変わったりして活動

17 の目標を確認し、トヨタの自動車生産の取り組
みで該当するものを見付けて関連付けます。

どうする？
失敗名人

だれかが SDGs の
ゴールを消しちゃっ
て見えないよ！

が滞ります。学びに集中できるよう、
余計なところを動かないようにするのも端末活用授業のポイントです。学習した
ことをSDGsと関連付ける「くせ」を身に付けられるようにしましょう。

　また、本時は「まとめる」場面の 1 時間前ですから、最後はノートにまとめさ
せたいところ。調べてわかったことや考えたことは、学校でも家でもいつでも記
録・更新できるようにしたいものです。

《参考資料のQRコード》
● SDGs CLUB（日本ユニセフ協会のサイト）
　小学生向けに作られていて、SDGs の成り立ちや意味、目標やみん
なができることを紹介しています。

（佐々木英明）

スクールタクトで各地の名産品を届けるシミュレーション活動

―地図を使って輸送ルートをたどる―

【本時の概要】

　本時は、工業単元の２時間目。全国へ運ばれる工業製品が高速道路や鉄道、フェリー、航空路線と多様な交通網を利用して運ばれる様子を学習します。教科書には、グラフと写真、交通網の地図が掲載されていますが、網羅的で具体的な輸送イメージがつかめません。そのため、これまでに学習してきた自動車や場合によっては食品・加工品を含めて、物がどのように運ばれていくのかを追って輸送ルートや時間、人の姿を想定し、流通に対する理解を深めることが必要になってきます。

Point 1　スクールタクトで個別の調べ学習経過を共有する

　スクールタクトの特徴として、作成途中のスライドを共有できる点が挙げられます。教師から基本シートを配付し、それに書き込んだものを共有できるように、「共同閲覧モード」にします。これで他の人のキャンバスを勝手に編集することなく表示だけされるので、お互いの学習の様子を見合うことができます。

> スクールタクトは互いの調べ学習の途中経過を見合うことができる優れモノじゃ！
>
> ICT博士

　この活動は、子どもが一つの工業製品を決めて、有名な産地を調べ、自分の住んでいる都市などからどこに運ぶのかを決めます。その後、交通網を調べて運ぶルートを想定するのです。

　社会科に苦手意識のある子にとってはハードルが高いでしょう。

学習の様子の画面一覧が見られる上に、自動更新されるため、進捗状況がよくわかります。

しかし、スクールタクトで周りの活動の様子を見ることができれば、工業製品だけをヒントにする、輸送ルートをどんどん書き込む子にどうやって調べたか聞くなど、わからないところを補い合うことができます。

　本時の様に、工業製品を決めることが難しいときには、加工食品も OK にする、流通の学習ができればよいと判断したら野菜や果物など生鮮食品も OK にするなど、子どもの実態に応じて活動を変更し、とにかく流通について具体的にシミュレーションできることを第一に考えることが大切です。

Point 2　地図帳を活用する

　3 年生から地図帳が配付され、地図の活用力の向上が求められています。しかし、小学校現場で 3 〜 6 年生までまんべんなく授業で地図帳を活用させている先生は少ないことでしょう。

　本時のような時間は、地図帳が必須です。右のように、教科書には交通網がわかりやすくまとめて掲載されています。ところが、国道や高規格道路、地形はわかりません。地図帳を使って調べることで、特産品の出発点から到着地点までの輸送ルートを具体的に決めることができます。

東京書籍「新しい社会　5下」の地図。
デジタル教科書、地図帳だと地図がより
見やすくなります。

　輸送の途中には必ずトラックで国道を通ることでしょう。また、山を越えることの大変さをイメージすることもできるのではないでしょうか。

　地図帳を積極的に活用して、地理的なイメージを具体的にもてるようにすることで、社会的な見方・考え方を鍛えていきたいものです。

《参考資料のQRコード》

● NAVITIME

　この有名なサイトでは、トラック輸送のルート検索もできます。日本国内どこからどこへでも検索が可能です。

（佐々木英明）

オクリンク & Google Formsで次時の追究への視点をもつ

―みんなが使っている情報メディアは何だろう?―

【本時の概要】

　事件、天気、スポーツ、政治など毎日触れている「情報」。子どもたちは「情報」について初めて学ぶ1時間です。教師が主導して学習内容を決めていくのではなく、「情報のどのようなことを学習していくのか。」これから学びたい追究の視点を子どもたちと一緒に考えていきます。単元のスタートはどの内容においても非常に大切です。今回は情報メディアの一つである「TV」について、追究したくなる手立てを考えていきます。

Point 1　どんなメディアを活用しているのか

　最初に情報とはどういうものか、具体的な事例を出してから、「どのように情報を得ているのか。」を考えます。その手立てとして活用したのが「オクリンク」です。オクリンクの利点は以下です。

①自分の考えを発信できる。

　→発表が苦手な子も考えを発信できます。

②クラス全員の考えを共有できる。

　→教師の見取りもしやすくなります。

③授業を進める手立てとなる。

画面には、出席番号と名前が提示されていることで「誰が、どのような考えをしているのか。」一目でわかります。

　→「どの子から指名しようか。」と教師側の手立てにもなります。

　オクリンクを活用してみると、TV・インターネット・新聞・ラジオなど、情報を得ているメディアは多様であることが子どもたちの意見から実感できます。

Point 2 多様な考えを Google Forms を活用して焦点化していく

どのメディアから情報を得ているか考えを交流した後、「その中でも一番情報を得ているものは何か。」と聞きます。そこで活用するのが Google Forms です。その場でアンケートを作成し、どのメディアを1番活用しているか調査をしました。

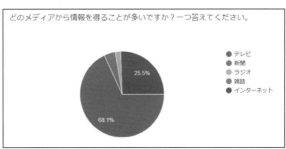

すると、子どもたちは一番利用しているメディアは「TV」であることに気づきます。この学級では実に約68%が一番利用しているメディアであることがわかりました。

「なぜ、一番情報を得ているのはTVなのだろう？」「内容がわかりやすいからかな？」「映像があるからだよ。」など、TV（放送局）に対する予想や疑問が生まれ、「次はもっと TV について考えていきたい。」と次時への追究の視点が見えてくる展開となります。また、Google Forms の結果から見ると、2番目の「インターネット」にも注目することができます。近年、若者の活用する情報メディアはインターネットに移行しつつあることがわかります。「インターネットを使って情報を得ている人が増えているのはなぜ？」と単元の後半に改めて問い直すなど、新しい学習展開もつくることができます。

このように、Google Forms を活用することで、子どもたちの考えから、学びを追究する視点をもつことができ、効果的です。

Google Forms を使えば簡単にアンケートが作れるぞ！

ICT博士

《参考資料のQRコード》

●オクリンク

学習支援ソフトです。オクリンクを活用した様々な授業実践事例も紹介されています。

（土岐友哉）

ロイロノートの付箋でつなぐ 放送の仕事

―ブラックボックス化し、間を埋めたくなる思いを引き出す―

【本時の概要】

　単元の2時間目にあたる時間です。「情報収集の仕方」と「情報発信の仕方」に着目して、放送局の人々の仕事を調べる計画を立てて調べ、まとめる時間です。ブラックボックス化して資料を提示することで、その間を埋めたいという思いを引き出します。放送できるまでに、様々な人が関わり、様々な役割があることを子どもたちはつかんでいくことができます。

Point 1 ブラックボックス化して意欲を引き出す

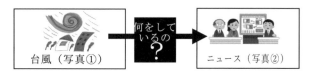

台風（写真①）　何をしているの？　ニュース（写真②）

　写真を黒板に提示しながら、「台風（写真①）が起きると…いつの間にかニュース（写真②）が完成して、テレビで流れます。」と子どもに伝えます。すると、多くの子どもから「そんなことはない！」「いきなりテレビ画面にはならない！」「誰かが何かをしているんだよ。」と意見が続きました。

　そこで、教師が「そうか、アナウンサーが一人で番組づくりをしているんだね。」と子どもたちにさらに問い返しました。すると、急に子どもの勢いがなくなっていきました。教師が「急に静かになったけど、どうしたの？」と問いかけると「誰かが何かをしていることは間違いないのだけれど、誰が、何をしているのかまでははっきりしない。」と答えたのです。

誰かがやっているに決まっているじゃん!!

質問攻め やんちゃ君

「どんなことをしているか？」と問いかけることで、「記者がいるのではないか。」「カメラマンがいるのではないか。」「番組を作る人もいるんじゃないか。」「映像を全部使うことは難しいから、編集する人もいるんじゃないか。」などと、予想していきました。子どもたちは、放送に携わる人々の仕事に目が向き始め、追究の見通しをもち始めました。

Point 2 放送の仕事を付箋で関連付ける

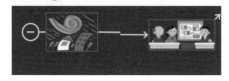

子どもたちには、左図のような資料を配付しました。そこで、写真と写真の間に何が行われているのかを調べる活動を設定しました。

子どもたちは教科書や資料集をもとに調べ、現場と放送をつなぐ仕事についてまとめました。

まとめる時に大切にしたいことは、関連付けることと、分類することです。右図のまとめは、役割ごとに分類され、時系列に関連付けてまとめられています。もちろん、ノートを使って取り組むこともできますが、ICTを活用することで、簡単に情報と情報を関連付けたり、移動させたりすることができるのです。

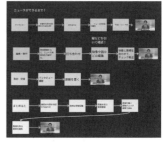

また、情報を集めまとめるだけではなく、なぜそのようなことをするのか、自分の考えを記述することも大切です。左図の子どもは、「何のために原稿チェックしているのか」などの役割の意味を付箋に書いています。

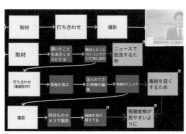

このように事実と自分の考えを分けて書き、事実と自分の考えを関連付ける力を育てていくことも大切です。

《参考資料のQRコード》
● NHK for school「ニュース番組はどう作られるか」

多くの人が働き、ニュース番組ができあがっていることを学ぶことができます。

（樋渡剛志）

5年生『情報産業とわたしたちのくらし』

調べてきたことを班で協力して Googleスライドにまとめよう

―マスメディアが情報を集めて発信するまでの過程を振り返る―

【本時の概要】

　本時は、マスメディアが情報を発信するまでの流れについて調べてきたことをまとめる場面です。教科書では、フローチャートにまとめる事例を紹介しています。個別の学習だと、毎時間の振り返りで書いてきた同じことを改めて記述してしまいます。情報の発信の仕組みはインタビューやパソコン、情報ネットワークなど、イラストや図を効果的に用いてまとめた方がわかりやすいです。また、班で協力してまとめた方が学習内容を整理することができます。

Point 1 班ごとに「情報を発信するまでの流れ」のどこを書くかを決める

　班で協力して1枚のスライドを作成していきます。本単元は、放送局か新聞社のどちらかを選択して学習することになっていますので、一つの教材に絞って調べさせるのではなく、子どもに選ばせて学習すると単元の終わりに情報共有を図り、より深く学ぶことができます。

> 社会科の調べ学習は入れ子構造。単元で毎時間調べてきたことがそのまま内容のまとまりになっていることが多いのよ。
>
> 社会科オタク姫

　子どもが放送局か新聞社を選んで調べてきた最後にまとめる学習では、右のように、「情報の集め方」「情報のまとめ方」「情報の発信方法」「情報を受け取る立場から」と単元の学習プロセスに従って、4枚のスライドをつくります。テレビと新聞の2つ

調べ学習の成果として箇条書きや図、写真など工夫してまとめていくことができます。

のまとめをするので、スライドは全部で８枚。一枚のスライドを４～５人で作成することになります。

　子どもがまとめる場面は、自分が一番マスメディアの仕事の中で感動したところなど、思いのこもった場面を選ばせてあげるとよいでしょう。子どもが「知りたい」「調べたい」と強く思っている場面であれば、一つのスライドの作成人数が３人以下でも十分です。一枚のスライドの中も「調べた内容担当」「感想担当」「写真担当」など分担すると、１時間もかからず完成させることができます。

Point 2 作成したスライドを学級全体で見て交流する

　作成したスライドで授業の最後にプレゼン交流をします。

　一番たくさんスライドを書いた人やスライド作成の話し合いを進めた人など、中心となって作成した子どもに発表させてもよいですし、書いたことを自分で発表させるのもよいでしょう。

　ただ、まとめの時間を

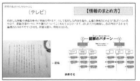

４つスライドを学級全員で作成し、完成したものを交流します。全員参加でなおかつ学習の振り返りにもなります。

１時間で終わらせる場合は、見るだけなら後でもできますので、スライドづくりにしっかりと取り組ませたいところです。このように考えると、スライド作成グループの代表者が端的に説明する方がよいでしょう。聞いているほうも、端的でわかりやすい説明の方がよく理解できます。

　共同編集機能を使った単元のまとめスライドづくり。他の単元でもぜひ取り入れてみてはいかがでしょうか。

《参考資料のQRコード》
● NIE ホームページ
　「教育に新聞を」との合言葉で新聞を教材として活用する活動を進める団体です。新聞の基礎知識や記事を教材にした授業展開例を見ることができます。

（佐々木英明）

バスロケーションシステムで変わる公共交通の利用

―顧客のニーズを捉え、工夫や努力を実感する学び―

【本時の概要】

　札幌市は、4種類の公共交通がある日本有数の都市です。特にバスは47都道府県で走っていますが、自由に行き来できない点やバスがいつ来るかわからない点、バス待ちの時間がある点など、乗車する人が減っています。こうしたマイナス面をニーズと捉え、バスの価値を高めるために活用しようとバス会社は工夫や努力を重ねています。それが、バスロケーションシステムに代表される通信情報技術であり、その活用の価値を感じる時間です。

Point 1 バスロケーションシステムの価値を実感する

　バスロケーションシステムを導入している、JR北海道バスのバスキタというアプリを実際に使ってみました。

　バスの遅延状況によって、バスのアイコンの色が変わります。アプリを見ている最中に色が変わる瞬間を目の当たりにする子もいます。「これって、冬のバス待つときに便利かもしれないね。」と、徐々にその良さを実感していきました。

時刻表があれば十分じゃない？

質問攻め
やんちゃ君

　学習前は、「バスは走っていて当たり前」「乗れるのが普通」「冬のバスを待つのは結構大変なんだよな」「バスがなかったら車に乗ればい

いよ」という認識でした。日常生活に当たり前のように存在しているものであるという捉えで、時刻表があれば充分であるというように考えていました。

バスロケーションシステムの良さを実感することで、「バス会社は、アプリを開発して公共交通に乗りやすいようにしているんだ」「バス会社は、バスの位置がわかるアプリを活用して、お客さんが時間を使いやすいようにしているんだ」という認識に変容していきました。運輸に関わる産業は、情報を活用して付加価値を高め、地域の足としてのニーズに応えようとしていることがわかってきました。

スマホだけじゃなく、バス停でも見られるようにしてほしい！

質問攻めやんちゃ君

Point 2 机上の空論にならないように

バスロケーションシステムは、とてもよいものです。一方で、その良さを子どもは実感することがあまりできません。通学中や習い事に行くときに、バスロケーションシステムを自分で使うことが少ないためです。

そこで、お家の人にバスロケーションシステムの良さをインタビューしたり、どんな時に使いたくなるかを聞いてきたりするなど、学習したことを自分の生活と結び付けて考えられるようにしていくことが必要だと考えます。

ICTを活用するだけでは、子どもに様々な調べる技能が身に付きません。自分の手で生きた情報を得ることも重要です。自分で質問を考えインタビューしたり、わからないことを本などで調べたり、実際に現地に赴いて調べるなどの「調べる技能」を見つけていくことも同時に身に付けられるように活動を構成していくことが必要ではないでしょうか。

《参考資料のQRコード》
●バスキタ！JHB
Web上でも確認することができます。スマートフォンでも確認できますし、アプリをダウンロードすることもできます。

（樋渡剛志）

ネットモラルに関する法律を調べ オクリンクで教え合おう

―ネットモラル動画の活用と法教育―

【本時の概要】

　本時は、インターネットの利用で起こる問題の例について具体的に調べながら、小学生が巻き込まれる問題にどのようなものがあるかを知り、注意点を考える時間です。具体性が子どもの学習の切実感を高めるものの、あまりに直接的な教材の提示は、現在の学級の子どもの人間関係に悪い影響を及ぼす可能性もあり注意が必要です。そのため、ネットモラルに関する具体的な事例を取り上げた動画を教材として見せ、それを手掛かりとして調べていきます。

Point 1　ネットモラル動画教材は豊富にそろっている！

　web検索をするとネットモラルに関わる動画がアップされているサイトが複数出てきます。それらの中から、短時間で視聴、問題点が整理され、子どもが調べたり考えたりする余地を残して終わってくれる動画を選ぶとよいでしょう。

みんなとても素晴らしい意見を書いてくれたのに、スマホのトラブルがなくならない…。

どうする？失敗名人

　動画視聴のみで、すぐに感想を書かせて終わるような教材では、子どもの本音は引き出せず、本音では思ってもいない「正解」を書いて終わる建前の授業となってしまいます。

　動画は、登場人物が子どもしかいない具体的事例のものばかりですし、ケースも豊富です。本時では、ネットいじめを取り上げて子どもに切実感を味わわせた上で、グルー

あゆみさんとあきらさんはようこさんのことを前からかげで悪口を言いふらしていたんだよ。ようこさんをみんなで守ろうよ！

さちこさん

広島県教科用図書販売株式会社が作成している動画。これをきっかけに調べ学習をしたり、右のスライドの様に更なる具体事例を入れて考えを深めたりすることもできます。

プでのいじめに加担したくない「さちこさん」がSNSにうその書き込みをしてしまう展開にします。そうすることで、「ネットいじめもよくないが、うその書き込みも悪質である」など、感情的な批判に終始することなく情報活用上の法的な問題点にも目を向けることができます。

　インターネットで法律を調べると、いじめが刑法のどこに位置付くのか、うその書き込みがどんな罪になりうるのかなど、子どもでも気をつけないと法律に抵触することを知ることができます。

Point 2 オクリンクで調べたことをスライドにまとめ、クラスで共有する

　オクリンクのメリットである、作成したスライドを送信先指定して送る機能を使います。同じ班の仲間で交流して考えをまとめる活動や、調べたことを学年で見合うなど、子どもが調べた成果をできるだけ読み合わせたいときには、送信先を工夫するとよいでしょう。

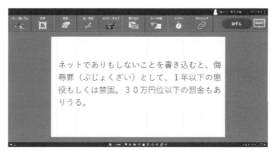

　法律に関する学習は、5年生の社会科の後半から少しずつ出てきます。法律の名前の種類を知ることやインターネットの使い方を誤ると子どもでも法的に問題になることを学ぶには、個別の調べ学習もさせたいですし、具体的な事例をたくさん読ませていきたいところ。

オクリンクは子どもが作成したスライドを、送り先を指定して送信できます。班の仲間だけとか、フォルダを通じて学年に共有するなど送り方も変えることができます。

　まさに、「個別最適な学び」と「協働的な学び」の両者が必須の1時間です。こういう時こそICT活用の使いどころです。内容の似たスライド同士をつなげてスライドショーにして読み直す活動で、振り返りに役立てることもできるでしょう。

《参考資料のQRコード》
●事例で学ぶNetモラル
　短時間の動画で情報活用の際に起こる問題を把握し、そこから考えを深める授業ができる教材が教科を問わずアップされています。

（佐々木英明）

5年生『わたしたちの生活と環境』

Minecraft Education Edition
でスマート○○を体験

― 擬似 AI プログラムで未来の林業に挑戦しよう ―

【本時の概要】

　本単元までに、「スマート○○」など情報を生かして、諸課題を解決しようとしている産業などについて学習してきました。本単元も環境を守りながら持続可能な社会の構築のためにどうしたらよいかを考えていきます。本時では、他の産業同様にテクノロジーによって環境を保全できないかという問題意識のもとで、擬似 AI をプログラムする活動を通して、これからの生活について自分の考えをもたせます。

Point 1 産業が抱える諸課題にフォーカス

　これまでにスマート農業やスマート漁業などを学習してきた子どもは、林業における就労人口のグラフを読み取った際、テクノロジーによってスマート化がされているのではないかという予想を立てるはずです。実際のスマート林業では、レーザー計測による森林資源のデータ化を行う「森林クラウド」やドローンの活用などが行われています。本時では、架空の世界ではあるものの擬似 AI プログラムを作成する活動を取り入れることによって、わたしたちの生活のつながりやこれからの林業について自分の考えをもたせます。

就労人口や輸入量の推移など、既習をフルに発揮させたいですね。

社会科オタク姫

Point 2 プログラミングコースによる授業

　Minecraft といっても自由に建築するわけではありません。教育版の Minecraft には数十種類の授業パッケージが入っています。その中の1つ、Hour of code 2019（AI）はストーリーに沿って学習を進めていくので、授業のねらいから逸脱

することはありません。はじめはブロック一つでできるようなプログラムで、指導に不安のある先生も安心して活動できます。子どもと一緒にプログラミングの基礎を学ぶこともできます。

本プログラムのゴールは、AIによって山火事を防ぐことと植林です。プログラミングの条件分岐の考え方を用いて、乾燥した草かどうかを判別させて山火事から自然を守ります。

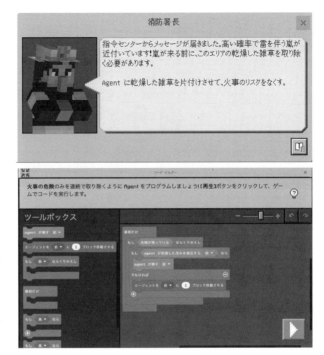

チュートリアルがあるので、安心して学ぶことができます。

産業が抱える人手不足・後継者不足などの諸課題を意識させながら臨むことで、テクノロジーによって産業を支えることができることを実感させます。また、擬似AIプログラミングの経験を通して「こんなこともできるかも！」とこれまでにない社会に変革をもたらす可能性があるアイディアが出てくるかもしれません。

《参考資料のQRコード》

● Minecraft Education Edition Hour of code2019 (AI)
　授業導入に使用できる動画や指導案例など情報満載です。

●林野庁　森林資源情報のデジタル化 / スマート林業の推進
　スマート林業実施例から実態を知ることができます。

（中里彰吾）

YouTube動画を選んで 自分で調べる

―個別最適な調べ学習の実践提案―

【本時の概要】

　「自然災害を防ぐ」の単元の最後は、火山と雪害について学習します。どちらも被害の範囲が日本全域ではないものの、特に雪害は北国で毎年起こっており、人々の生活の安全を守るために多くの工夫がされているのです。教科書には、単元のまとめと合わせて見開き１ページで構成されているため、雪害についてくわしく調べることができません。雪で車が埋まったり雪崩が起きたりしている写真から、被害の様子をつかむところまで捉えていくようになっています。

Point 1 　札幌市の除雪技術は世界一

　雪害を防ぐ工夫と聞くと、道路標識や信号機はもちろんのこと、除雪作業を思い浮かべることでしょう。これらの様子を詳しく調べさせたくても、季節や場所によっては難しい場合もあります。

　道路標識や信号機は、国土交通省が設置しています。除雪は、土木センターが関係機関と協力して体制をつくっています。積雪時でも道路や信号をわかりやすく表示したり、夜のうちに幹線道路の除雪を終えるようにしたりしている仕組みを理解し、自宅前の除雪は自分たち地域住民が行うなど、効率的で持続可能な雪害のあり方を考えることが大切です。

優れた除雪システムがあっても、札幌市では除雪に関する要望が多いのです。

社会科
オタク姫

　札幌市では、各区の土木センターごとのページが用意されていて、地域の除雪の取り組みを調べることができます。また、札幌市のホームページ内に、「除雪」従事者のインタビュー動画があって、除雪の様子や除雪事業者の市民への思いを調べることができます。

Point 2　北海道全域の道路情報がリアルタイムで見られる

　国土交通省北海道開発局のホームページには、「通行規制・ライブカメラ」のページがあります。ここに入ると北海道内の道路状況がわかるようになっていて、通行止めや異常気象の箇所、積雪状況を調べることができます。また、各峠のライブカメラ画像もあって、15分おきに更新されています。

北海道開発局を始め、短い動画で取組を伝えるところが増えてきています。一覧になっているので選んで調べることができます。

　また、広報・広聴の欄にある「映像トピックス」からは、北海道開発局が関係する雪害をはじめとする「自然災害の様子とその対策についての動画」や YouTube に行くことができます。このページを開かせて、自分で選んで調べさせることもできるでしょう。

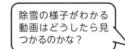

除雪の様子がわかる動画はどうしたら見つかるのかな？

質問攻めやんちゃ君

　「個別最適な学び」が叫ばれるようなってきました。各自治体や企業が作成するYouTube動画はこれからも増えていきます。今後、子どもが自分の興味をもった動画を見て、調べたことをまとめる学習が広がっていくことでしょう。

《参考資料のQRコード》
●国道交通省北海道開発局
　北海道の道路や河川の状況がリアルタイムでわかるようになっています。また、冬は峠のライブカメラで積雪の様子を見ることもできます。

（佐々木英明）

「調べる」時間 ｜ 6年生『わたしたちのくらしと日本国憲法』

スクールタクトのテンプレートを加工して調べたことを構造的にまとめよう

─憲法とくらしのつながりを考える─

【本時の概要】

　本時は、わたしたちのくらしには憲法で保障された基本的人権の尊重によって守られていることが数多くあることに気づいて、日常の生活のあり方を見つめ直す力を育んでいきます。教科書には、基本的人権が網羅的に表示されていますから、これらの中から日常生活の中で関係しているできごと想起させ、つなげていく活動が中心になります。身の回りの生活を見直して、憲法で基本的人権が保障されていることをもとに考えることができるように、関わっていくことが大切になります。

Point 1　調べ学習に役立つテンプレートが用意されている

　スクールタクトには、「課題テンプレート」が用意されています。「学年」「教科」と絞り込んだ検索もかけることができます。これは、ユーザーが作成したスライドで、「課題テンプレート」を登録することで、全国のユーザーに提供されるものです。

課題テンプレートはこれから全国の教員が実践を積み重ねて次々に便利なものが開発されることじゃろう。

ICT博士

　本時では、日本国憲法の三つの大原則を左の枠の中に書き入れ、それに関わる市の取り組みを右の大きな枠に記入するようにしました。テンプレートでは、「くらしとのつながり」でしたが、「自分の生活とのつながり」とすることで、より子どもの生活に即した場面と基本的人権とのつながりを見出せるようにしたのです。

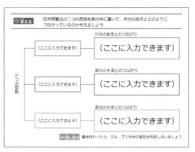

枠に何を書き入れるかが明確だと、子どもも調べたことを記入しやすいです。

　テンプレートの良さは、パターンをつかむことと加工できることにあります。パターンをつかむことができれば、多様な仕組みで新しくつくることも容易にできます。

　教師も学び合いが大切。インターネット社会ですから、全国の先生方のテンプレートをもとに学校や地域の先生方だけでは生み出せない、新しいまとめ方を生み出していきましょう。

Point 2　量から仕組みを捉える

　スクールタクトを使いますから、他の人がつくったスライドをすぐに見ることができます。基本的人権として「思想や学問の自由」「個人の尊重、男女の平等」などの言葉を聞いても、実際に自分にどんなことが保障され、生活に関わっているのかイメージできません。

　自分で憲法と市の取り組みとの関わりを調べ、更にそれを読み合

NHK では、日本国憲法全文を掲載しているほか、三つの柱やそれぞれの内容について解説があり、さらに NHK for school の動画も添付されています

うことで、「思想や学問の自由が認められているから、好きな塾に行ける。」とか、「個人の尊重が認められているから、好きな習い事ができる。」などに気づきます。自分だけではなく、周りの仲間の調べたものをたくさん読んでいくことで、「基本的人権とはこういうものだ」というフレームを子ども自身で実感することができるのです。

　NHK for school の動画は短時間ですから、1時間の授業の中の調べ学習という20分くらいの活動の中にも簡単に取り入れることができます。ICT を駆使した調べ学習で、子どもの考える幅を広げていくようにしましょう。

《参考資料のQRコード》

● Gakken キッズネット辞典

　学習に役立つ 18,000 項目以上の用語を調べることができます。憲法のように難しい言葉を読むときには、ぜひ紹介しながら使ってください。

（佐々木英明）

Google Forms を使った 議論の生み方

—市町村税の使い道に対する意見の相違から議論へ—

【本時の概要】

市町村が児童センターを設置するためにどのようにお金を集め支出しているかを調べ、税金や補助金といった歳入の種類や歳出先の内訳を知り、適切な財政収支について考える時間です。市町村の収入が税金だけなく国や都道府県からの補助金も含まれていて、自立した財政基盤をつくる必要性があることに気づいたり、支出先が年齢や職業など立場によって異なっていて、様々な意見がある中で議論を経て決められていたりすることを理解したりできるようにします。

Point 1 Google Forms のアンケートから、異なる意見があることを知る

Google Forms で右のようなアンケートを使って札幌市の税金の使い道について選択・判断する場面をつくります。

子どもは一つだけ答えを選びますから、当然クラスの結果はバラバラになります。それが瞬時にグラフ化されるのです。そのままグラフを大きな画面に映してあげましょう。考えがみんな違うことに気づき、子どもから「えっ、何で教育費ばかりではないの?」とつぶやくことでしょう。しかし、「公園にバスケットゴールを置いてくれた方がうれしい」といった自分の身の回りのことしか考えないつぶやきや、空気の汚れや交通環境の改善を訴えるなど、住んでいる場所や家庭によって市税の使い道に対する想いは子どもであっても異なります。

このように子どもたちの意見が異なっていることを表面化させることで、正解を知る学習から、「よりよい社会について自分で考える学習」に変えていくことができます。

Point 2 Google Jamboard の付箋を用いた議論の活性化

子どもたちの考えを引き出した後は、事実をもとに住んでいる市町村の税金の使い道を具体的に考えていきます。現状を知って納得する子もいれば、不満を述べる子もいることでしょう。教師が市町村の考えを代弁する必要はありません。子どもが自分の暮らすまちの税金の使い道について考えることは、社会科の授業で目指す「社会に参画しようとする態度」そのものなのです。

市町村の歳入・歳出のデータはホームページや租税教育の資料で見られるよ！

社会科オタク姫

話し合いや議論の授業では、発言が一部の子どもに限られ、全員が参加しようとしなくなってしまいがちです。議論を活性化させるために、自分が付箋に書いたことを発表させるのではなく、自分以外の付箋を読んで質問や意見を伝えさせ、記入した子どもがそれに答えるようにすると

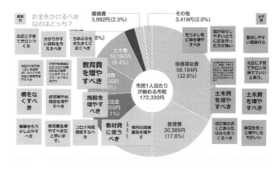

札幌市で授業をすると、除雪に関わる土木費の必要性を訴える子どもが多いです。

効果的。対立構造だと相手を言い負かそうと熱が入るので、相手の考えの根拠を聞いて、自分の考えの正しさを探そうと積極的に意見を述べるようになります。

異なる意見を聞いて共感したり反論したりすることで、より明確な根拠のある考えへと高めていくことができるのです。

《参考資料のQRコード》

● 総務省　市町村別決算状況調

全国の市町村の歳入と歳出の内訳が Excel の表でアップされていて、自分でグラフをつくることが可能です。

（佐々木英明）

Minecraft Education Edition でみんなのまちづくり

―誰もが住みやすいまちをつくろう！―

【本時の概要】

　まちづくりに対する色々な立場の人の願いを考えます。それらの意見を尊重しながらどのようなまちをつくったらよいか話し合い、主体的に考えようとする態度を育みます。まちづくりの方向性を見出したら、Minecraft Education Edition のマルチプレイを使って、クラス全員でまちづくりを行います。どうしたらもっとよいまちになるのか、トライアンドエラーを繰り返して考え続けていきます。

Point 1　みんなの「願い」を集め、まちづくりのテーマを明らかにする

　子ども一人ひとりがどんなまちにしていきたいかという願いをもつことから始めます。「今住んでいるまちがもっと良くなるためにはどんなことが必要だろうか」や「50 年先、100 年先も住みやすいまちはどのようなまちだろうか」などの視点から問題意識を生みます。また、その際、家族や近所の方へのインタビューなどを行うことで考えを広げたり、深めたりすることができます。

　この学習はどの子どもも夢中になって取り組みます。時間を忘れるくらい没頭します。「まだやりたい！」「もう終わるの？」という子どもの切実な声を受け入れると、授業の終わりが見えなくなり、サグラダファミリア状態に。教師としては、授業時間の制限がどうしても気になってしまいます。

　現実のまちもインフラの整備だけで終わりません。その後の更新や修繕などが伴います。授業時間の区切りでは、まちには終わりがなく、持続し続けていく必要があることに触れ、終了時点で住人の願いがどれだけ反映されているかを振り返るとよいでしょう。

いつ完成するの？　終わりが見えないよ〜。

どうする？
失敗名人

　まちづくりの活動はマルチプレイ（複数人による共同作成）で行います。テーマごとにグループをつくるとそれぞれの工夫点が現れてとても面白いですが、クラス全員で一つの方向性に向かうことをおすすめします。テーマ設定の段階から多様な意見が生まれ、どのように反映させられるのかを話し合いながら進めていく醍醐味があります。仮想空間であってもクラスメイトと一緒に学んでいくことができます。オンラインの活動になるので、ビデオ会議システムを併用すると、誰でもどこでも「同じ世界」に参加することができます。

クラス全員で作ったまちの一部（2022）

Point 2 社会×図工×国語×総合　教科横断的な活動へ

　まちづくりのテーマはこれまでの学習を活かし、学びを深められるテーマにすることとして考えさせます。

教科等	社会科	図画工作科	総合的な学習の時間
単元名	「願いを実現させる政治」	「ドリームプロジェクト」	「コンピュータとわたしたち」
主な活動	学習を生かして、理想的なまちづくりについて話し合い、多様な意見を受け入れていくためにどうすればよいのかを考える。	小学校生活のまとめとして、今まで学んだことや身近な環境からテーマを設定し、建物の模型づくりを行う。	目的から逆算して物事を順序立てて考える力を身に付けるために、生活が楽しくなるような仕組みづくりを行う。

　総合的な学習の時間でなくても、理科「電気の利用」と関連付けて、効率的な電気の利用のためのプログラムでも実施できるでしょう。これらのプログラミングの経験を活かし、自動的に建物をつくるプログラムを組む子も出てきます。道路や線路、滑走路などの直線的な建物は、プログラムによる自動化がしやすく、作業効率が飛躍的に上がります。

《参考資料のQRコード》

● Minecraft カップ全国大会

　全国の子どもたちが作成したワールドを閲覧可能です。

（中里彰吾）

Google Jamboard で 見つけたことを付箋で書き込もう

―絵の読み取りから学習問題をつくる―

【本時の概要】

単元の１時間目の本時は、狩りや採集をしていた縄文時代の暮らしから稲作の始まりによって、「クニ」が誕生し身分の差が広がっていく様子を捉えていきます。２枚の絵を比べることで、縄文時代には獲物を運んだり土器を焼いたりする姿から人々が協力する姿を見つける一方で、弥生時代には領地を柵で囲ったり物見やぐらを立てたりして敵の侵入を防いでいることから、ムラとムラとの争いが起こっている様子をつかみ、変化の原因を探るための学習問題をつくっていきます。

Point 1 一枚の絵をじっくりと見せたいときには絵を背景に入れる

歴史では、単元の始めに想像図や挿絵を読み取り、その時代の人々の暮らしをつかむところから始める単元が多くあります。こうした二つの絵を比較して違いを読み取ったり、一枚の絵から読み取れるたくさんの情報を整理したりする活動では、Google Jamboard が有効です。

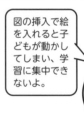

図の挿入で絵を入れると子どもが動かしてしまい、学習に集中できないよ。

どうする？
失敗名人

一枚の絵をじっくりと読み取らせたい場合は、「背景を設定」から、背景として挿絵を入れます。左にある「図の挿入」から背景を入れると、共同編集機能をオンにしたときに子どもが動かせてしまいます。絵がシートの背景にある状態ですので、あとは子どもが絵を見て気づいたことをその絵の上から付箋でどんどん貼っていくように指示をします。

「背景を設定」をクリックすると、八つのパターンが表示されます。右下の✔から保存しているファイルを挿入します。

絵の読み取り活動では、「気づいたことをどんどん記入しなさい」と指示することが多いので、クラス全員で一枚のシートを記入するのではなく、班で一枚のシートを使用するようにして、話し合いながら記録として付箋を貼っていくとよいでしょう。4〜5人の班だと人によって付箋の色も分けることができるので、班活動の後教師が確認するときに、誰が書いたかをすぐに見分けることができます。

Point 2　二枚の絵を比較するなら付箋の色を分けてまとめる

二つの絵を比較して両者の特徴をつかませようとするのなら、絵を張り付けるかどうかよりも、絵によって付箋の色を変えることを優先させましょう。

例えば、縄文時代はオレンジ色、弥生時代は黄色といったように色を指示して、それぞれの絵から読み取ったことを付箋に書かせるようにします。

印刷画面で「送信先」を「PDF に保存」にして「保存」すると PDF に変換できます。

この方法は、両者の違いを明確にしてくれます。上の写真のように、読み取った事実だけを書く場合もあれば、一つの箇所から読み取ったことをもとに、当時の生活の様子や社会の仕組みを予想し、長文の考えを書く子もいます。その場合には、読みやすさを考えて、付箋を大きくしましょう。「文字がこの付箋くらいの大きさになるように書いてください」と具体例を示すと、子どもが付箋を書いた後で、周りの付箋との配置を考えながらまとめていくようになります。

《参考資料の QR コード》

●世界遺産　北海道・北東北の縄文遺跡群

2021 年（令和3年）7月 27 日に世界文化遺産に登録されました。それぞれの遺跡の写真や縄文時代の生活についてわかりやすく解説されており、絵を読み取らせてからこのページで調べさせるのがおすすめです。

（佐々木英明）

Googleスライドで登場人物についてまとめ、議論を深めよう

―歴史人物の「立場」からの議論で考えを深める―

【本時の概要】

本時は、天下統一を進めた織田信長と豊臣秀吉の戦いや政治の様子について調べてきたことを表にまとめ、それをもとにパネルディスカッションをします。表にまとめておくことで、パネルディスカッションをする際も始めのテーマを「戦い」、二番目のテーマを「政治」として表にまとめたことをもとに話すことができます。パネルディスカッションについて慣れてきたら、司会者が子どもの話の共通点や相違点についてより具体的な意見を引き出し、話し合いを深めていきたいところです。

Point 1 グループの学び合いは Google スプレッドシート

スプレッドシートを学級全員の学習記録として使うのなら、一覧にできるメリットと共に、他の子の書き込みを消してしまいかねないデメリットを考えなくてはなりません。保存版としてはデメリットを考慮した使用が必要です。

しかし、話し合うためのツールとするくらいならば問題はありません。4名程度のグループで話し合う場合には、縦にスペースを分ければ、エンターを押してカーソルが下に移動して誤って他の人の書き込みを消す、といったことはあまりないでしょう。右のように、二つの人物の特徴について、共同してまとめるときには、「自分が興味をもっ

歴史人物2〜3名から選び、2つくらいの項目についてまとめさせると、歴史人物の特徴が明確になってきます。

た人物はどちらか」と選ばせたり、「より社会に影響を与えた人物」「人々から慕われた人物」など、功績だけでなく、当時の人々の評価を反映させた選択を迫ったりするのも面白いでしょう。

　話し合いの記録として使用するのも一つです。グループの話し合いの記録は、教師の評価や全体で話し合いの結果を共有するのにとても役立ちます。

Point 2 　パネルディスカッションという話し合い方

　小学校の社会科では、「多角的に考える力」つまり、複数の人物の立場で考える力を育てることが大切です。3年生の時から、「お店の人」と「お客さん」の二つの立場から考える学習経験を積み重ねてきました。

社会科の高学年では「根拠や理由などを明確にして議論する」力を育てることが必要ですわ。

社会科オタク姫

　6年生の歴史は、通史ではなく歴史上のある場面における人物の営みから歴史のアウトラインをつかんでいきます。ですから、本時のように2人の歴史人物の違いをあえて浮き彫りにするような表をつくり、それぞれの立場からその時代の様子を捉えるようにすることが多いのです。

当時の人の気持ちになってみましょう。

　ましてこの単元の登場人物はたった二人。比較してと言っているようなもの。パネルディスカッションをして、特徴を明らかにする方法もありますし、それぞれの立場に立って人々にプレゼンをさせ、当時の人々がどちらを好んだかを考えさせるなど、ごっこ遊びのようなシミュレーション活動も授業が盛り上がります。

　いずれにせよ、二つの立場から考えさせるならその違いを浮き彫りにするような議論を生み、その時代の社会も立場が異なると見え方が変わることを実感できるようにしたいものです。

《参考資料のQRコード》

●ちびむすドリル

　各教科の単元の復習に最適な無料ダウンロードサイトです。歴史人物も73人のカードがあって、似顔絵と年号や主な活躍などを確認することができます。

（佐々木英明）

オクリンクで 歴史のストーリーを整理

―風刺画から日露戦争前後の国際関係に迫る―

【本時の概要】

　明治中期から大正における日本の発展と国際的地位が向上してきたことを理解させていきます。どのようにして日本の国力は充実し、国際的な地位が向上していったのかを捉えさせます。その手立てとして、フランス人の画家、ジョルジュ・ビゴーの風刺画を単元を通して読み取ります。本時は、日中戦争目前の風刺画を手がかりに、日露戦争はどのようなものだったのかを明らかにしていきます。

Point ❶ 登場人物の共通点

　風刺画の読み取りには、社会的事象により親しみをもって感じることができるだけでなく、出来事の移り変わりの変化の間に何があったのかを考えさせることができる良さがあります。「始めは○○だったのに△△になったのはどうしてだろう？」と自然に子どもの関心を社会的事象へと向けていきます。

　単元を通して風刺画を読み取っていく際に、登場人物の共通点を捉えさせます。単元の導入の「列強クラブ」と本時で取り扱う「英国の思い通りになる日本人」は登場人物が同じなので、子どもが関係性を見出しやすいです。

　同じ場面の風刺画でも数種類あります。それぞれの作品の登場人物の配置や表情などから読み取れることは異なってきます。

子どもの実際の記述「列強クラブ」画集
『1897年の日本』より（1897年）

本時では、導入で「朝鮮の奪い合い」を提示します。日清戦争後の描写を読み取らせます。この場面でもイギリスの影があることを捉えた子どもに、「英国の思い通りになる日本人」を提示します。すると、「また後ろにイギリス人がいるよ。」「今度は背中を押しているよ。」とすぐに反応します。「日露戦争ってどういうものだったの？」と 日露戦争へと視点を広げていきます。終末は、ロシアとの戦争には勝ったことによる国内外の影響を捉えさせます。

登場人物が特徴的に描かれています。色々探してみると面白いですよ。

社会科オタク姫

・立ってタバコ吸っているのが牛みたい
・日本人の顔が怒ってる？
・大体の人が西洋クラブの時に出てきた人

子どもの実際の記述「英国の思い通りになる日本人」
画集『極東における古きイギリス』より（1895年）

Point 2 ハイブリッド対応！今まで通りの授業にも

　紙の印刷物かデジタル形式かどちらでも対応できます。提示された資料に対して自分の考えを書いていく流れは同じです。単元を通して、資料配付、読み取り、協働的な学びと授業展開をルーチン化すると、子どもが学習の見通しをもてるようになり、作品に浸る時間を確保することができます。

　単元の最後には、各種民衆運動の広がりから現代社会へのつながりを見出し、これからの自分たちがどのように未来の社会を築いていくか考えさせます。また、これまで使用した風刺画を事実の順に並べ替えたり、本時で使用した問いやまとめのカードを繋ぎ合わせたりしてプレゼンを作り、交流して、単元の学習をまとめます。

《参考資料のQRコード》
●川崎市民ミュージアム　漫画資料コレクション「TOBAE」
　ビゴーが横浜居留地で創刊した風刺漫画雑誌を高解像のデジタルアーカイブで閲覧可能です。他のビゴー作品も多数あります。

（中里彰吾）

YouTubeの映像に合わせて報道番組の原稿を読み上げよう

—あなたがアナウンサーだったら何を伝える?—

【本時の概要】

　戦後、我が国は民主主義国家を目指して国際社会に復帰したことにより、国民生活も向上しました。戦後の日本の発展の様子について学習を進めます。復興を成し遂げたのは、政府や国民の不断の努力があったことに気づかせ、戦後を生きてきた人々の取り組みや我が国が平和を尊重し、国際社会の発展に力を尽くしてきたことを理解させます。単元の終末には当時の人々が映る動画やオリンピックの映像に合わせて報道アナウンサーのように日本が歩んできた道のりを説明させます。

Point 1　過去の映像から当時を知る

　戦後の復興から国際社会への復帰に興味・関心をもたせるために、復興前後の写真や資料映像の視聴から比較をさせ、時間の経過に伴う変化に着目させます。そこから終戦直後でも苦しい生活をしてきた人々が、どのような工夫や努力によって現在のような日本にしてきたのかについて考えさせます。当時の人々の様子を知るには、YouTubeでいくらでもタイムスリップ可能。文章を読むよりも、写真

YouTubeはアニメぐらいしか見なかったけど、昔の様子がたくさんアップされ歴史に触れられるツールでもあるんだな。

質問攻め
やんちゃ君

や動画を見る方がわかりやすいです。その時代を生きていないのですから想像がつきませんよね。

Point 2 二度の東京オリンピックを比べる

戦後復興の歩みの中で象徴的なできごとであると考えられる 1964 年東京オリンピックを取り上げます。「東京 2020」と呼ばれた二度目の東京オリンピックも、ニュースでは常に取り上げられていました。オリンピック・パラリンピック開催という社会的事象を様々な視点から見つ

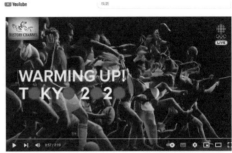

リオオリンピック 閉会式 -「Rio to Tokyo」Rio Olympic

め、その意味や価値について考えていく学習を進めていきます。この教材を通して子ども一人ひとりが社会的事象の見方・考え方を働かせて、「これからの日本」について考え、今後の日本のあり方について自分なりの意見をつくっていきます。過去・現在・未来をつないで考えられるよう言葉かけをしましょう。

余談ですが、リオオリンピックの閉会式で流れた動画は 1964 年の東京オリンピックで使用されたポスターのオマージュだと言われています。何十年も前のデザインであっても迫力のある素晴らしいポスターであることには違いありません。他に似せた理由はないのでしょうか？　その点を子どもに考えさせます。そして動画とともに原稿を読むと深まりのある言葉でまとめられるでしょう。

《参考資料のQRコード》

●東京動画「昭和の東京シリーズ第 11 回」

戦後復興していく東京の様子が鮮明に記録として残されています。当時の人々の暮らしもよくわかります。

●リオオリンピック閉会式

現代日本の世界に誇れる文化を中心に紹介した PR 動画。

（清水雅代）

Jamboard を使って これからの日本について考えよう

―社会に参画する手立てとは?―

【本時の概要】
　この学習は歴史単元の中で最後の内容となっています。元号が平成から令和に変わった今、日本の文化や技術は、世界で認められ世界に貢献しています。しかし、少子高齢化、人権、領土問題など解決すべき日本の課題も数多く残っています。これらの課題について、「自分たちはどのようなことができるのか」社会参画する芽を育てていく学習展開を考えていきます。未来の日本について、考える1時間として構成します。

Point ❶ Jamboard を使ってグループで意見を交流する

　「人権問題」をテーマにこれからの日本について考えます。これまで、男女参画の問題、外国人への偏見や差別の問題、アイヌ民族など先住民に対する考え方など様々な人権問題について子どもたちは学んでいます。人権問題について知るだけではなく、「自分たちは何ができるのか。」と社会参画するための手立てとしてJamboard の共同編集機能を活用し

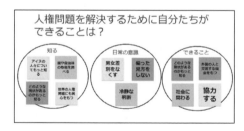

Jamboard の付箋機能は、簡単に意見を打ち込めたり、色を変えることができたりと活用しやすいです。

ます。この機能は1枚のスライドの中で子どもが同時に作業を行うことができます。例えば、付箋を使って自分の考えを書き(付箋の色を変えることが可能です。Aさん→黄色、Bさん→青色など活用できます)、それぞれの意見を交流する時に効果的です。また、考えた付箋を自由に移動させることができるので、「知る」

「できること」など、似た考えを視点ごとに分け、まとめてみるのもよいでしょう。共同作業は人数が多すぎると活動にまとめきれなくなる可能性があるので、実態に合わせて人数を決めるとよいと思います。

どんな考えがあるのか共有できるね。

Point 2 思考ツールも有効

　Jamboardのスライドに思考ツールのテンプレートを張り付けて取り組むことも有効です。思考ツールは考えを組み立てるための道具です。これはクラゲチャートです。「人権問題について自分ができることは何だろう。」という大きな問題に対して、自分はどのようなことが取り組めるのか、付箋を活用して取り組んでいきます。Jamboardで思考ツールを活用することで、自分の考えを整理できたり、友達の考えを共有しやすく

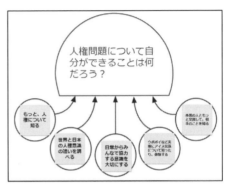

クラゲチャート以外にも様々なテンプレートがある思考ツール。Jamboardのスライドに貼り付けて、取り組んでみるとよいでしょう。

なったりします。社会に関わろうとする力を育む「社会参画」の学習は、今までの単元で積み上げた見方・考え方を働かせて、よりよい未来の社会に向けて考える授業をねらいとしています。「社会参画＝今すぐ行動化」ではなく、Jamboardなどを活用して子どもたち同士でこれからの社会について考える「社会参画の芽」を育てていくことが大切です。

《参考資料のQRコード》
● Google Jamboard
　アプリをダウンロードしての活用や、ウェブブラウザからのアクセスも可能です。

●様々な思考ツール　NHK for school
　思考ツールの活用方法などが動画を見ることでわかりやすくまとめられています。子どもに思考ツールについて説明するときに、この動画を見せると効果的です。

（土岐友哉）

オクリンクのスライドショーで歴史学習を振り返ろう

―学級の力を合わせて完成させる歴史スライド―

【本時の概要】

本時は、日本の歴史学習を振り返る1時間。これまで学習してきたすべての時代について、それぞれの社会の様子を1枚のカードにまとめます。人物や文化遺産、できごとなど、子どもがそれぞれ興味をもったことを一つ選び、カードを1枚つくります。その後、並べ替え活動に挑戦。答え合わせをグループで話し合いながら進めると、さらに多くの学びを振り返ることになり、歴史の歩みを確認することにつながります。授業の最後は、歴史の歩みに対する意見文を書いてまとめます。

Point 1　情報量の多い時間だからこそ、ICT をフル活用

オクリンクの基本的な機能として、作成したスライドを送るという機能があります。送られてきたスライドは、自分で順番を決めてつなげられますし、いくつかのまとまりごとにつなげることもできます。

ICT を活用した学びの最大の特徴は子どもの個別の学びを瞬時に共有できることじゃ。

ICT博士

本時では、右のように簡単なフォーマットを配り、好きな時代のできごとや人物、物を一つ選んでスライドにまとめていきます。○○時代とあえて入れないことで、並べ替えるときのゲーム性を高めてもよいでしょう。簡単な説明に写真やイラストを加えたらスライドの完成。できたら、「クラス全員におくる」をクリックし一斉送信します。受け手は、完成したスライドが次々に送られてくるので、それを

細かい枠をつくると調べる量が増えてしまいます。苦手な子でもできるように大枠だけがベスト。

歴史の順番に並べ替えるのです。

　年表を読み直したり、近くの友達と相談したりしても OK。こうした活動自体が、歴史をより詳しく振り返ることに繋がります。

Point 2　意見文までを１時間に収めるために

　「一番心に残った時代を決めてスライドをつくらせたい」「歴史の流れを確実に捉えるために、じっくりとスライドの並べ替えをさせたい」「歴史を学ぶ意味を深く考えてほしい」どれも熱心な教師なら思わずにはいられないことでしょう。

　しかし、時間は１時間しかありません。「どれも」することはできないのです。だからこそ、ICT。簡単にスライドをつくってしまいましょう。その後のスライドを並べ替える「協働的な学び」や歴史への意見文を書く「個別最適な学び」が本時のメインの活動。この二つの活動に集中できる時間を確保するようにします。文章も国語ではないので、長く書かせるのではなく、始め・中・終わりの三段落構成の作文一枚でよいのです。

社会のまとめの時間は大嫌い。いつも１時間で終わらせたいのに３時間かかっても終わらない！

どうする？
失敗名人

意見文は 400 字詰め原稿用紙 1 枚。書く子ども自身にも読む教師や仲間にも丁度よい分量です。

　歴史学習を通して学んだ人物の営みや伝統文化の美しさ、人々の思いなど、子どもの感動の思い出を作文にすることで、「歴史は暗記ではなく楽しむもの」と思って授業を終えたいところです。現代史のすぐ後なので、「歴史を振り返ってこれからこうなってほしい」と未来を志向する作文も書いてほしいものです。

《参考資料のQRコード》
●日本の世界遺産一覧

　文化庁のホームページ内にあります。サイト内には、日本の世界遺産地図もあります。この他にも、「日本遺産」を調べて歴史遺産を振り返ることもできます。

（佐々木英明）

Googleドキュメントで共同編集機能を使うと1時間で新聞づくりができる

―実現可能な調べ学習のまとめ新聞―

【本時の概要】

　教科書の「ひろげる」コーナーは、単元で扱わなかったものの実践できる教材が取り上げられています。東京書籍６年「日本とつながりの深い国々」でも、インドやブラジルといった日本と文化や交流の上で関係の深い国を取り上げています。また、このページは単元のまとめとして新聞を載せています。「新聞づくり」の活動は社会科の単元のまとめとしてよく使われる手法ではありますが、実際のところ、新聞づくりを１時間で取り組むのは極めて難しいのが実状ではないでしょうか。

Point 1 班ごとにファイルを配付し、共同編集で文章を書く

　共同編集機能は、目的や用途に応じて使い方を変えていくと効果が増します。文書作成アプリであるGoogleドキュメントにももちろん共同編集機能があって、意図した人数で同時に文書作成を進めることができます。そこで、調べたことをまとめる新聞づくりでは、班の人数分で割付したファイルをあらかじめ作成し、班に一つずつ配付します。

割付まで教師が行ってから配付すると、子どもは自分たちで互いのスペースを分担しやすいです。

　共同編集機の使いづらさとして、わざとか否かにかかわらず、「他人に自分の文章を変更される」ということがあります。これを防ぐには、ファイルを活動に必要な最低限の人数に絞って与えることが大切です。一斉学習で全員の学習の様子を周りに見せたいときには、一つのファイルを学級全員で共同編集してもよい

かもしれません。ただ、この方法だと大勢が一つのファイルを操作するため、誰が他人の文章を変えたのかを特定することが難しく、一度編集されてしまったものを元に戻すことも困難です。考えたことを共有するくらいなら少しくらい消えてもよいですが、単元のまとめとして記録化し、残そうと思うのなら4名程度のグループごとに共同編集をさせて、誰が他人の文章を変えたのかわかるようにしましょう。それに、人数が少ないと作り直す量も少なくなります。

一つのファイルを数十人で共同編集すると書いたことが突然消えてパニックになるね。

どうする？
失敗名人

Point 2 作成した文章を学級全体で見合いコメントする

班で作成した新聞は、一度みんなで読み合いたいものです。1時間でつくることが精いっぱいなら、放課後に家庭で読み合ったり休み時間に読み合ったりすることもできるでしょう。

Google のファイルを PDF にするアプリなんて入っていないよ！

質問攻め
やんちゃ君

せっかくの作品ですから、他の班の文章を読んで、学んだことや感想をコメントし合うと、書いた子どもも達成感を味わい、学ぶ意欲が高まります。1ページ目に新聞を完成させた後、改めて全員にデータを配付し、2ページ目に感想コメントを書き合うのも一つの方法でしょう。誤って完成した新聞を編集されるのを防ぐなら、PDF ファイルに変換して、改めて配付し直すとよいでしょう。

また、この活動はアナログも効果的です。「一人3枚付箋をもつ」などルールを決めて読み合う活動をすると、「新聞コンテスト」のように注目を集めた新聞の良さについてさらに学びを深めることもできます。

印刷		2ページ
送信先	PDF に保存	▼
ページ	すべて	▼
1枚あたりのページ数	1	▼
余白	デフォルト	▼
オプション	☐ 背景のグラフィック	

印刷画面で「送信先」を「PDF に保存」にして「保存」すると PDF に変換できます。

《参考資料のQRコード》

●外国人 "依存" ニッポン（NHK の特集サイト）

外国人が多く集まる地域の特集やニュース、動画、関連ページを見ることができます。

（佐々木英明）

第２章

~社会科授業でICTを活用すると何がどう変わるか~
見直される授業の型

「自分の考えをもつこと」と「他者から学ぶこと」を同時展開する

　教育実習生の頃から、学習指導案は「導入」「展開」「まとめ」といった三段階に分けられ、課題把握をした後は、自力解決をして全体交流をするという「流れ」が日本のいたるところで行われてきました。しかし、ともするとそれが全ての教科、時間で必要であるかのような錯覚に陥っていることはないでしょうか。こうした考えに陥ってしまうと、GIGAスクールがもたらした、ICT機器のもつ共同編集機能は「子ども一人の学びができない」として余計な機能のように見えてしまうのかもしれません。

　社会科は、社会的事象や学びを共にする他者との関わりの中で、多角的・多面的な見方・考え方を獲得する教科ですから、「子ども一人で学ばなくてはならない」という「しばり」の必要はありません。語句や説明の知識を覚えたりグラフや地図を読み取る技能を身に付けたりする時間ならまだしも、調べ学習や社会的事象の意味を考えたりする時間における、「自力解決」は45分の学びの最後に行われるものであって、その途中は、自分の考えをもつことができ、それを他者との関わりの中で深めることができることが大切な学びとなるのです。

　ここで、共同編集機能の特性を確認してみましょう。Google Jamboard やGoogle スライド、スクールタクトに代表される「共同編集」という機能は、そのデータ上にアクセスしている人全員が同時に自分の考えを表出することが可能です。教室中、場合によっては体育館中にいる人全員が、一枚の大きな紙に自分の考えを書くことを実現したのです。これは、大変すばらしいことです。自分の考えを書き終わったらその場で周りの仲間が何を書いたのかを読むことができるので、自分の考えを見直して強固にしたり、反論を考えたり相手の意見に対応できる理由を探してより論理性のある考えに発展させたりすることもできるのです。

　これに対して、自分の考えが書けないうちに周りの考えが見えてしまうことへの弊害を危惧する声もあります。しかし、自分の考えがもてない子どもに対して、考えをもてるようになるまで待つことは本当に大切なのでしょうか。自分の考え

がもてなくて困っている子がいたら、画面に書いているたくさんの考えの中から、自分がこれなら納得できるという考えを自分のものにしてから、その他の意見を読み共感したり反論したりするほうが、多角的・多面的な見方・考え方ができるようになるのではないでしょうか。

Society5.0に求められるマルチモーダルテキストを読む能力

　これまで、調べ学習においては子どもに読み取らせる資料を限定し、平易でわかりやすい文章を読ませて一様の知識・技能を着実に身に付けさせることに力を注いできました。ですから、インターネットのサイトで調べさせるときにも、「ここから調べなさい」とサイトを、場合によってはページを限定して読み取らせるようにしてきたことでしょう。

　しかし、私たちが生活する現実のインターネットの世界には、写真やグラフと一緒に書かれた文章であふれている上に、対立する考えが二つに留まらず乱立しており、読者自身に多様な形態の文章を読み取る力と、多様な立場の文章の中から自分の立場を明確にするために選択・判断する力がこれまで以上に求められるようになっています。

　千葉大学の寺井正憲教授は、種々の学力調査の結果から、図やグラフなどの非連続型テキストや、文章などの連続型テキストと非連続型テキストを組み合わせた混声型テキストの問題で課題が多いことから、「長らく文章のみのテキストが扱い続けられてきて、未だマルチモーダルという新しい形態のテキストを読むという、メディアリテラシーの学習指導が十分に開発、普及されていない」と述べられています。

　サイトの信ぴょう性の吟味は当然のことながら見極める必要がありますが、子どもにたくさんのサイトを読ませ、その中から文章の内容を正確につかみ、対立構造を読み解いて、自分の立場を明確にもてるようにする力を育てていくことが求められているのではないでしょうか。

　子どもたちと日ごろ話をしていると、インフルエンサーと呼ばれる人たちが「論破」し、それに賞賛の「いいね」があふれている姿を見てどこかすっきりとした気持ちに陥ってしまっていることを危惧してやみません。多角的・多面的なマルチモーダルテキストを読み、多数意見や一方的な意見に飲み込まれることなく、物事の本質を見極められる子どもを育てていきたいものです。

（佐々木英明）

111

～社会科授業でICTを活用すると何がどう変わるか～
デジタルだからこそできる活動

多角的に考えるためのシミュレーション活動

　当事者の立場で考えるといういわゆる「多角的な」見方・考え方は、学習指導要領の教科の目標にも明記されている小学校社会科の基本的な学びのあり方です。実際の授業では、当事者の立場で考えるために社会科見学や体験学習、ごっこ遊びやパネルディスカッションといったシミュレーション活動を行い、人物が選択したり判断したりする状況や気持ちを想像してきました。

　コロナ禍に入り、また、一人一台端末の導入によって、社会科見学や体験学習といった直接体験は減ったことでしょう。一方で、ICTを活用することで、間接体験は今までよりしやすくなったとは言えないでしょうか。令和5年度の各種体験学習案内には、リアルでしかできなかった見学やゲストティーチャーの活動の多くで、「オンラインも可能」という文言が見られるようになりました。デジタルの力を使うことで、子どもに実社会の当事者と関わる機会をこれまで以上に増やすことができるようになったのです。

　ごっこ遊びやパネルディスカッションなど、教室内で行ってきた活動もICTによって新たな実施方法が可能になりました。教師が端末内のスライドにお店のステージと商品のイラストを並べてあげると画面の中で「お店屋さんごっこ」ができるようになりました。織田信長と豊臣秀吉のイラストをGoogle Jamboardの2枚のシートに添付し、付箋で政策とその意図を貼る活動によって両者の立場でパネルディスカッションできるようになりました。

　端末の活用によって、大掛かりな準備は必要なくなりました。共同編集機能に

織田信長は楽市楽座で商業を発展させたところがすごいと思いました……。

豊臣秀吉が天下統一できたのは、検地によって収入を増やしたからです……。

よって自分一人で調べたことを話すのではなく、仲間の意見を簡単に取り入れて話すことができるようになりました。調べたり考えたりすることが苦手な子どもが得意な子どもと同じように活動でき、学習に参加しやすくなったのです。

社会科における個別最適な学びを実現するための一人一台端末

　文部科学省の令和 3 年の答申では、「個別最適な学び」のあり方を「指導の個別化」と「学習の個性化」と具体的に整理し、子どもが自己調整しながら学習を進めることが重要であると方向性が示されました。社会科の学習においては、子ども一人ひとりの問題意識に応じて学習問題を設定し、その達成に向けた学習計画を立てた上で、工夫して調べてわかりやすくまとめていくことになります。学習の最後には、理解を深めたことや社会への向き合い方が変わった点などを自分の言葉で伝えることが必要になることでしょう。

　社会科における「個別最適な学び」には、一人一台端末は欠かすことのできないツールです。Google Jamboard で付箋を使えば、疑問と調べた事実、疑問の答え、自分の考え、反対意見、結論など色別に整理し、設定した問題の解決までのプロセスを記録できます。Google スプレッドシートであれば、毎時間学習の振り返りを記録し、それを読み返して学習問題について納得できる答えまでどのくらい近づいたか、わからない点はどこかなどを書き込み、学びを蓄積することができます。

　調べる活動では、Web 検索や共同編集機能を使いこなす力も必要です。教科書や資料集という限定された資料だけでは個別の学習問題の解決は進まないのです。Web 検索の方法を学び、信頼できるサイトか否かを判断する力を身に付けなくてはなりません。長文のマルチモーダルテキストの中から自分の考えを説明するために必要な個所のみを取り出し、文章や図で表現する力も必要となってきます。もちろん、共同編集機能で仲間が調べたことを読み取って、相違点や共通点を見つけ自分の考えを膨らませることも大切です。近頃は、ショート動画が増えてきて、子どもが動画を自分で選んで調べ学習を進めることも可能になってきました。

　「個別最適な学び」を実現するべく手にした端末は、子どもにとって第二の教科書であり、ノートとなりました。端末がもつ多様な機能とインターネットの世界は、子どもが主体性をもって学びを進めるための無限の可能性を秘めているのです。

（佐々木英明）

AIには無い人間らしさを求めて

AIに負けない授業を構築

　2022年11月30日にOpenAIがChatGPTというチャットボットをリリースしました。チャット形式でAIが人間の問いかけに回答します。今までの調べ学習では、ネット上に溢れる情報を取捨選択しながら知識として活用していましたが、誰もがAIによって「それっぽい考え」を生成することができるようになりました。例えば、「日本の水産業の課題を解決するにはどうしたらよいでしょうか。」と問うと、AIは「日本の水産業の課題を解決するには、以下のような取り組みが必要です。養殖業の持続可能性向上、漁業資源の管理の改善、消費者のニーズに合わせた商品開発、地域社会との協力関係の強化などが挙げられます。これらの取り組みを進めることで、持続可能な水産業の発展を促し、地域社会との連携を深めることができます。」と回答してきます。ChatGPTが学習していない情報や専門的な知識については不正確な情報が混ざることも考えられますが、ビッグデータから導き出される回答には驚かされます。

　ICTの活用によって、世の中を便利にしていくことができます。しかし、ICTの特性を理解していなければ、適切な資質を身に付けることができなくなってしまいます。この場合、AIによる「それっぽい考え」が生成されたわけですが、利用者がその文面を理解したり、批判的に読み取ったりすることができるかが鍵となります。「消費者のニーズに合わせた商品開発」は本当に課題の解決に必要なのでしょうか。また、どんなニーズに対して、どんな商品開発がされるのかイメージをもつことができるでしょうか。

　私たち人間がAIに負けないのは「人間らしさ」です。人間に「人間らしさ」というのは違和感がありますが、上記の例でいえば「消費者のニーズ」は消費者である私たちの声を集めていくことです。その際、「本当は○○したいんだけど、△△なんだよね。」などといったジレンマがあるととても面白いです。簡単に調べられる昨今ですが、家庭でのインタビュー活動やサービスの事業者への取材など、誰がどんな思いや願いをもっているのかなどを調べられる手立てを大切にし

たいです。

情報の消費から情報のつくり手へ

　デジタルネイティブといわれる現代の子どもたちの多くは、デジタルツールをネットサーフィンや SNS、オンラインゲームや動画視聴などに使って時間を費やしています（PISA2018 学校外での平日のデジタル機器の利用状況）。

　一人一台端末の整備が行われたことで、学習における ICT の活用がこれまで以上に便利になったのは言うまでもありません。子どもたちが必要としている情報にアクセスし、知識を得ることができる能力は格段に上がっていると感じています。しかしながら、まだまだ ICT の活用が「情報の消費」的な側面が強いと感じています。

　学習指導要領の改訂のコンセプトとして「コンテンツベースからコンピテンシーベースへ」と示されました。コンテンツの学習が軽視されているわけではないことを前提において、「何をできるようになるか」というコンピテンシーの育成においても、ICT の活用は大きな役割を担っています。子どもたちが「人間らしさ」を発揮し、AI やコンピュータには代替不可能な資質・能力を育むために、「情報のつくり手」になるための手立てが必要だと考えています。

　そこで取り入れたい視点が創造性です。人間にしかないアイディアや感性を表現することを大切にしていきたいです。ICT を使った場合、自己表現の幅が広がりそれぞれの個性を十分に発揮することができます。また、他者との議論を通して、自分が見えていない視点から考えることによって新たな情報をつくり出すことができます。子どもたちは第 1 章で紹介したようにプログラミングを用いたり、動画編集サイトを使って、YouTuber さながらの編集で動画を制作したり、様々な場面で自分らしさを発揮しています。

　社会科においては、確かな理解に基づいた上で、情的に迫ることで子どもたちの考えを引き出すことができるでしょう。理想と現実のズレから生まれる「本音」や「建前」が出てくると、より「人間らしさ」が光り、議論のきっかけになります。調べてすぐにわかる情報から、一歩踏み込んだ人間性を盛り込んだ情報を発信できる子を育んでいきたいものです。

（中里彰吾）

求められるものの変化

今こそイノベーションを

　パッとみたところ「社会科授業でICTを活用すると何がどう変わるか」というのは他人事のような問いであると感じます。私はこの本を手に取る皆さんと「何を」「どう」「変える」のかという視点で一緒に考えていきたいと思います。

　SHULMAN（1987）が提唱した「教育的内容知識（Pedagogical Content Knowledge：PCK）」にMISHRA and KOEHLER（2006）はデジタル環境にも注目し、Technologyを加えた「TPACK：Technological Pedagogical And Content Knowledge」の考え方を提案しました。技術的なツールに関する知識（T）、学習者への関わりに関する知識（P）、学習内容についての知識（C）の3要素が授業において相互に影響し合っているということを示しています。

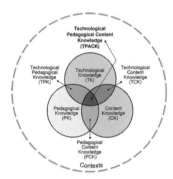

TPACK理論の図
http://tpack.org　より

　これまでの教職経験や教科の専門性はそれぞれ違うことを前提に、現在の自身を振り返ってみたときに、3つの円のどのあたりに位置するかでアプローチが異なります。例えば、子どもたちの発達段階をよく理解し、社会的事象を面白く教材化できる先生（図中：中下のPCK）はテクノロジーに関する知識をつけていくことで、授業を変えることができるのではないでしょうか。きっと、そんな思いでこの本を手にしていると思っています。

　テクノロジー活用の段階を表す枠組である「SAMRモデル」（Puentedura（2010））に照らし合わせて授業づくりをしていくと「何を」「どう」変えていくことができるのかイメージしやすいかもしれません。SAMRとは、Substitution（代替）、Augmentation（強化）、Modification（変更）、Redefinition（再定義）の頭文字を取ったものです。

　次の表は、社会科における地図を使った学習をSAMRモデルに照らし合わせ

段階	地図を使った学習を例に
S（代替） 従来手段との置き換え	デジタル地図の利用
A（強化） テクノロジーによる機能の強化・拡大	デジタル地図の検索機能や位置情報の取得
M（変更） 従来の教育手法の変更	マイマップ作成　テーマに沿った情報をインターネットやフィールドワークで収集し、分析したものを主題図に反映させる。
R（再定義） 新しい学習体験の創造	マイマップをオンライン上で共有し、地域住民や専門家などからのアドバイスを反映させ改善していく。

たものです。S（代替）においては、教科書や地図をデジタルに代替することで図版や地図などの資料をより鮮明に見ることができます。資料を見て、情報を得るということに関しては、機能の強化が見られないからです。A（強化）では、デジタル地図の検索機能や位置情報を取得します。従来の地図帳にはない機能が加わったためです。M（変更）では、マイマップを作成します。従来の手描きの地図には反映できない量の情報が加わっていたり、授業のあり方自体が変わったりしているためです。本書第1章P42～45「調べたことを世界に一つだけの地図にまとめる」はこの段階にあると考えています。それに加え、作成した地図を保護者や地域の方、専門家とオンライン上で共有し、ビデオ会議ツールや共有先のコメント機能などで助言をもらい、地図を改善する活動は、テクノロジーの活用が不可欠な上、これまでにない新たな授業観となるため、R（再定義）となります。

　R（再定義）段階の授業デザインは実践が少ないため、具体的なイメージが湧かず、どのように展開していけばよいかわからないと思います。まずは、普段の授業の中で、代替できるものは取り入れ、機能の強化を進めていくことから始めましょう。たくさんのM（変更）やR（再定義）の実践が日本中で行われたら嬉しいです。「どう変わる」のかではなく、私たちがイノベーターとして「どう変えていくのか」というマインドが大切だと感じています。

インクルーシブな視点から

　ここまでみてきたようにICTがもたらす影響は絶大です。子どもたちの多様な学習ニーズに対応できるようになり、よりインクルーシブな授業が展開できるのではないのでしょうか。国籍や性別、年齢、障害の有無に関わらず、多様な他者と協働的に学ぶことができる環境こそが社会科にとって重要なことなのではないかと考えます。子どもたちが互いの多様性を尊重し合い、教室という小さな「社会」で生き生きと成長していくことを願っています。

（中里彰吾）

~社会科授業でICTを活用すると何がどう変わるか~
公民的資質を分解して育成しよう

ずっと大事にされ続けてきた公民的資質

　日本で社会科が誕生した1947年以来、社会科では一貫して公民的資質が求められてきました。では、公民的資質とは何なのでしょうか。公民的資質とは、非常に広範で、抽象的な概念ですが、おおざっぱに「よりよい世の中について考えたり、実践できたりする態度や資質」と言い換えることができるでしょう。現在、着目されている「選択・判断」とも相性がよいと考えられます。

　ここでは、ICTを活用することと、公民的資質との関わりについて、考えていくことにします。

公民的資質が身に付いたといえる行動の例

| ごみの分別 | 投票 | 祭りに参加 |

①公民的資質を分解して考える

　公民的資質とは、広く抽象的な概念ですので、分解して考えてみることにしましょう。日本は参加していないのですが、ICCS（International Civic and Citizenship Education Study、市民性教育国際調査）という市民性（公民的資質と同義です）に関する国際調査があります。この調査では、市民性に関して、下のように分解して捉えているといえます。その一例をお示しします。

> ICCSにおける市民性を構成するもの（例）
> 　ア：世の中に興味があること
> 　イ：他者の意見を大事にすること
> 　ウ：世の中の論争問題について、自分の意見をもつこと
> 　エ：世の中の論争問題について、他の人と議論できること

　このようにみてみると、子どもを将来の主権者として捉えていることがわかります。そして、直接的には育成しづらい公民的資質ですが、ICTを使うことは、

分解した公民的資質の育成に有効であると考えられます。ここでは、分解した市民性を育成するために、ICT を活用してできることをピックアップします。

ア：世の中に興味をもたせる

・朝の会などで、話題のニュース記事を紹介する
・実際の動画のニュースを一緒に視聴する
・授業で取り扱う（教材化する）

イ：他者の意見を大事にすること

・色々な意見が出る問いを用意する
・意見を可視化し、全員が同時に立場を表明できるようにする
・教師自身が、他者の意見を大事にする

ウ：世の中の論争問題について、自分の意見をもつこと

・論争問題のニュースを紹介する
・意見を可視化し、全員が同時に立場を表明できるようにする
・他者の意見に触れさせる

エ：世の中の論争問題について、他の人と議論できること

・立場だけでなく、理由や根拠をも明示させる
・他者の理由に触れることができるようにする
・宿題などで家族と議論させる

②公民的資質は、社会科の授業の内外で育成する

　分解した公民的資質を育成する方法についてみてきましたが、実は社会科の授業の外でも育成する場面が多くありました。例えば、朝の会を使って、学級が世の中のことについて感度を上げる雰囲気づくりをすることができます。他にも、宿題を使って、家の人と議論させることもできます。また、そのためには、一度自分で意見をつくらなければなりません。国語科と連携することもできます。

　大事なことは、公民的資質を備えた子どもの姿をイメージすることです。そのためには、教師自身が公民的資質を備えていることが欠かせません。

(山方貴順)

119

方法→目標→内容の順で変化が大きく

方法→目標→内容の順で、変化の度合いが大きくなる

　授業は、目標・内容・方法の3点から論じられることが多くあります。内容とは「何を学ばせるか」、目標とは「どんな力をつけるか」、方法とは「どうやって学ばせるか」、を指します。ここでは、この3点が「小学校の社会科授業でICTを活用すると何がどう変わるか」について考えていきます。

　ICTを活用することで、方法→目標→内容の順で、変化の度合いが大きくなると考えられます。ここでは、一つずつ検討していきましょう。

```
　　　　ICT活用による変化の度合い

　小
　　┃
　　┃       内容：何を学ばせるか
　　▼       目標：どんな力をつけるか
　大       方法：どうやって学ばせるか
```

①内容：何を学ばせるか

　まず、一番変化の度合いが小さいと考えられる内容から考えてみましょう。何を学ばせるかを手っ取り早く知るには、高学年は教科書、中学年は教科書や副読本を開くことが一般的でしょう。これらは、どうやってつくられているのかというと、教科書は、主に学習指導要領を参考につくられ、副読本は学習指導要領や教科書を参考につくられることが一般的です。つまり内容は、学習指導要領に大きく依存することがわかります。では、学習指導要領はいつ最新のものになったのかというと、2017年、つまり一人一台端末環境が十分に整備される前なのです。ここから、内容、何を学ばせるかについては、それほど大きく変わっていないことがわかります。そうはいっても、特に中学年では、変えようと思えば変えることができることも付け加えておきます。

②目標：どんな力をつけるか

　目標の立て方は、ア：単元から目標を立てる、イ：子どもの実態から目標を立てる、あるいはその組み合わせでしょう。小学校で教鞭を執る私は、児童理解が

進んでいない1学期はアが中心ですが、徐々にイの割合が増えていきます。イのタイプは、社会科やICT活用の枠にとどまりません。例を挙げましょう。

- 複数の答えが必要であるのに、子どもは答えを一つ書いて満足している
- 単元の前半部分について考えが及んでいない
- 色やイラストなど、ビジュアルに凝ってばかりで、肝心の内容はなおざりになっている
- 他人事に捉えることが多く、どうも自分事になっていない

　上のような子どもの課題が見られたら、社会科をはじめとした授業で、そして授業場面以外でも、改善を図ろうと考えるでしょう。学級のカラーにもよるでしょうが、ICTと真正面から関わる目標は、案外多くありません。

③方法：どうやって学ばせるか

　ここで、ICTの見せ所です。どのような手立てを講じて、目標を達成させようかと考える必要があります。その際には、目標・内容・方法を別々に考えるのではなく、一体として考えることが重要です。下に、一体とした例を示します。

- 答えを一つ書いて満足している子どもには、答えが複数ある事例を扱いJamboardを使わせ、答えが複数あることをつかませることができる。
- 単元の前半部分を抜かしてしまう子には、1時間ごとに、資料や振り返りなどを整理して、フォルダーやカードにまとめることで、単元前半の学習内容にアクセスしやすくすることができる。
- ビジュアルばかりで、内容を重視しない子には、ルーブリックを提示した上で、互いの作品を見合えるようにし、相互評価できるようにすることで、内容にも考えが及ぶようになる。
- 自分事にならない子には、自分の生活の様子を写真や動画に撮らせて、自分も社会の一員であることを考えさせることができる。

まずは方法からでもICTを取り入れて　―第1章がヒント―

　ICTによって、授業の全てを急に変えることは困難です。まずは授業を目標・内容・方法で分けて考えることをおすすめします。そして方法を考える際には、この書籍の第1章がきっとヒントになってくれることでしょう。　　　（山方貴順）

今さら聞けない！ ICT活用Q＆A

　一人一台端末の使用が開始して３年目に入ります。端末には入っているけれどまだ使ったことがないアプリや機能がきっとあることでしょう。一度、一つのアプリに慣れてしまうと、それを中心に使うことで、なかなか他のアプリを使おうとは思わないのかもしれません。この本を手に取って読んでいただいている読者の方は、きっと新しいスキルを求めていることでしょう。同僚には今さら聞けないICT活用における素朴な疑問に実践者の視点で答えていきたいと思います。前半は、「端末活用編」として、社会科に限定せず各教科・領域に渡って端末を活用する上で起こる素朴な疑問に答えていきます。後半は、「社会科」編として、社会科の授業におけるICT活用について、日頃から抱いている疑問にお答えできればと思います。ここには、開発者ではなく、日々子どもと授業をしている実践家なりの答えがあります。共感できる答えがあれば、ぜひ取り入れてみてはいかがでしょうか。

Q 端末で調べたことは、どこにどのように保存するとノートの機能を果たせるのでしょうか。【端末活用】

A 　各々の環境やノートの機能をどこまで求めるかにもよりますが、大まかに①子どもが自己の学習のためだけに利用するもの。②ノートのように教師への提出を求めたり、他者と共有したりするもの。の２点に分類するとします。①の場合はスクラップ帳のイメージで、目的に合わせて「何でもよし」です。ワープロ系ソフトもよし、メモ系（Google Keep、Appleのメモ、Microsoft OneNote、など）もよし、MetaMoJi ClassRoomもよしで、リンクや画像をストックできるものになるとよいでしょう。画像のダウンロードはストレージを圧迫したり、フォルダ内が煩雑になったりするので、コメントやリンクと一緒に保存できるようにするとよいですね。②の場合、私はスクールタクトの白紙をノートの代用として配付しています。ハイパーリンクはつきませんが、あとで評価するときに便利です。（中里彰吾）

Q 共同編集機能を使っているときは、子どもにどのような声をかけるとよいのでしょうか。【端末活用】

A そもそも、それほど声をかけなくてよいと考えます。教師の声かけが多いと、子どもは「先生が望んでいるのは、この意見じゃないんだろうな」と忖度するようになり、しまいには「他の子のところにいったぞ、ラッキー」と煙たがられてしまいます。

そこでまずは声をかけず、「うまくいかない」「困ったぞ」となって初めて、教師の声かけのタイミングとなります。個別に声かけをしても、「苦戦している人は、前においで」と集めて声をかけてもかまわないでしょう。ただ、そうはいっても「○○してみよう」なんて声をかけると、忖度が始まります。「歩いて、他の人に聞きに行ってもいいよ」「他の人の意見を見てごらん」「考えに近いものはある？」「どんなところがいいの？」などと、言語化、意識化させる声かけがよいと考えます。（山方貴順）

Q Google Jamboard の付箋って、どうすれば効果的に使うことができるのでしょうか。【端末活用】

A ５つ（透明を入れると６つ）の色を使い分けると効果的です。大きく分けて２つのパターンがあるでしょう。どんな分け方でもよいですが、付箋の数によって思考の傾向がわかることが一番のメリットではないでしょうか。

一つ目の分け方は、立場や視点ごとに色を分けるというもの。人物ごとに分けたり、地形と気候で分けたりすることがそれにあたります。他にも、調べ方によって分けることもできるでしょう。グラフの読み取りで気づいたことと地図を見て気づいたこととで分けるとよい場面もあることと思います。

もう一つは、考えの変化や違いを順番に並べる色分けです。予想と結果で分けたり、初めの感想と２回目、３回目と色を変えたりすることもできます。また、国語などでは、場面ごとに色分けをして読み取ったことや感想を付箋に書くこともできます。（佐々木英明）

Q ノートで書くのと端末に打ち込むのは、いつ、どちらを行うとよいのでしょうか。【端末活用】

A どちらでもよい環境が理想です。今までなかなか自分の考えが書けなかった子が、端末を使用することによってすらすらと自分の考えを書いていました。考えが思い浮かばずに書けなかったのではなく、鉛筆で「書くこと」に抵抗があったが故に自己表現することに困難さを抱えていたのです。また、最近は低学年でもタッチタイプが早く、手書きよりも早く正確に文字入力できる子も珍しくありません。

一方で、直感的に友達の発言などをノートにマッピングしたり、構造的にまとめたりするのが得意な子もいます。「みんな一緒にせねば。」という感覚から脱却しましょう。みんな違うのですから。大人はその子らしさを認め、子ども自身が自分で学び方を選べるようになるといいですね。（中里彰吾）

Q グループで端末を活用した積極的な話し合いをするにはどうすればよいでしょうか。【端末活用】

A ご存知のように、授業は目的・内容・方法で構成されています。学習指導要領も、主にこの3点で構成されています。このことを踏まえ、この問いに答えるとすると、やはり目標・内容・方法を明確にすること、そして、子どもとも共有することだと考えます。

目標：何のために端末を使うのか・何のために話し合いをするのか
内容：何について端末を使うのか・何について話し合えばよいのか
方法：どんな方法で端末を使うのか・どんな方法で話し合えばよいのか

近年、評価情報においても、教師だけがもっているのではなく、子どもと共有すべきであるとの考えが広まっています。目標・内容・方法なら、どんどん共有すべきでしょう。他方、忘れてはならないのは、必然性、つまり「話し合いたい！」「解決したい！」という思いです。（山方貴順）

Q 子どもが書いた文章をできるだけ早く読んでコメントできる方法はないですか。【端末活用】

A
　速さを求めるのであれば、口頭によるその場のコメントに勝るものはないと考えています。今までも机間指導中に素敵な考えの子に出会ったときは他の子にわざと届くように「よく見つけたねぇ。これどこに書いてあった？」と関わってきたと思います。それを聞いた本人は褒められて嬉しいし、クラスメイトはヒントをもらって安心します。しかし、文字として残らないのが音声言語のデメリットです。コメントを文として残すのであれば、ある程度の自分の中のルーブリックが必要になると考えます。自分の考え・理由・根拠・友達の考え・まとめという構成の文章の場合、内容毎にどこが良くて、書けているのかを示してあげるとよいですね。想定外のものは「大発見ですね！思いつかなかったです。」と褒めます。私は、児童画面の一覧表示で子どもの思考の動きを見て、声と文の両方でフィードバックを与えることが多いです。（中里彰吾）

Q 共同編集機能のいたずらがなくならないのですが、どうしたらよいでしょうか。【端末活用】

A
　学級経営の一つです。デジタル空間においても、誰もが気持ちよく過ごしていくための指導が必要です。共同編集に限らず、ネットワーク上も「公の場（パブリックな場）」であることの指導は常日頃から行う必要があります。画面越しだとついつい気持ちが大きくなり、他者への意識が薄れてしまいます。

　Teams や Google Classroom のコメント機能も一般的になってきましたが、機能制限をしているのでは、解決を先延ばしにしているのと一緒です。制限していて学ぶべきことを学ばないままでは何も変わりません。ときとして、許されざるコメントも現れます。早い段階で芽を摘んでおきたいものです。

　共同編集に慣れていない時期による「やらかし」は全員が困るということをおさえ、学級風土を保ちたいものです。共同編集に慣れ、共同編集の良さを実感したクラスは、そういった「やらかし」も減ってきます。（中里彰吾）

Q ICT を使うと自力解決の時間がなくなるという先生に、どうしたら使ってもらえるでしょうか。【端末活用】

A 　学習の目的に応じた使い方をしているかどうかを吟味したいところです。自力解決の力を育てたいところで周りの状況を見られるようにしてはいけないでしょう。しかし、従来の授業観に縛られ、各教科どの時間でも「学習問題の後は自力解決しなければならない」とはならないものと考えます。算数では、自分でどのくらい問題が解けるかを確かめてから授業を受けると理解が進むでしょう。しかし、社会科では、知識や考えが確立できていない子どもに「一人で考えなさい」という必要はありません。教科書や周囲の考えを読み取らせ、必要だと思うところを書き写すところから始めてよいのです。授業を通して、様々な知識や考え方を得た上で子ども自身の考えを選択・判断させ、根拠も表現できるようにしたいところです。こう考えると、社会科では ICT を使いたいところです。（佐々木英明）

Q ICT は難しいので使いたくないという先生にどうしたら使ってもらえるのでしょうか。【端末活用】

A 　学年研修でしっかりフォロー。そして、スモールステップでよいので、少しずつ継続してできること（Google Forms での振り返りやテンプレート形式のワークシート活用など）を毎日積み重ねていけるよう支援します。子ども同様に、デジタルの良さを強く実感できることを取り入れていきたいですね。とはいえ、抵抗がある方に強くすすめてもより強い拒否反応を示されることも珍しくありません。ここは一つ違うアプローチで迫ります。本校児童に大人気の「Kahoot!」。子どもたちが無我夢中で学習に向かう姿や「先生！また Kahoot! やろうよぉ〜。」と強く懇願する姿を目の当たりにしたら、どんな先生も子どもたちを放っておくわけにはいかないはずです。つくった問題を「これ使ってくださーい！」と軽い気持ちで共有してみてはいかがでしょうか。（中里彰吾）

Q 子どもにデジタルで資料を提示するのによい方法はありますか。
【社会科】

A デジタルで提示する理由から整理しましょう。①子どもたちがその資料をデジタルで処理する過程が授業に位置付いている。②その場で調べたことを提示したい。③印刷コストをかけてまで提示するものではない。などでしょうか。個別に配付するのならば、Google Classroom や Metamoji Classroom、オクリンクなどいくつかの方法が考えられます。Metamoji Classroom は教師端末で拡大したり書き込んだりしたものが、子どもの端末でも同じように見せることができる機能があります。大型提示装置やプロジェクターで投影する場合は、他の画面を映そうとすると途切れてしまいます。45分間ずっと提示したいのであれば、複数の提示装置を使うか、紙に印刷するのがよいと思います。方法はいくつもあります。子どもたちに何をさせるのかによって選び方は異なってきます。（中里彰吾）

Q 子どもに渡す資料について、紙とデジタルはどのように区別するとよいでしょうか。【社会科】

A 紙とデジタルを比較して、今回はあえてデメリットをお伝えします。その方が、小学校の先生に納得してもらえる、より現実的なものになると考えたためです。なお、メリットはデメリットの裏返しになります。

	紙	デジタル
デメリット	・紛失、散逸のおそれがある ・ノートに貼るなど、配付後の指示や指導が必要 ・汚すおそれがある ・欠席者に渡しそびれる ・拡張が困難 ・印刷に時間を要する	・タップする必要がある ・一人ひとりの端末の確認が困難 ・一度、整理に失敗すると尾を引く ・ネット環境に依存するため、見ることのできない時・場所がある（電池切れ、トラブル時、家庭、屋外など）

上記を考慮して、状況に応じて使い分けてください。（山方貴順）

Q 調べ学習で自由に web 検索させてよいものでしょうか。
【社会科】

A 「今日の授業はここに書いていることだけを読み取らせたい」と限定的な社会認識を育てたいと思うのなら、調べ学習で web 検索をさせる必要はありません。また、ネットモラルが未熟だったり、真偽を確かめない検索しかできなかったりする実態であればやめた方がよいのかもしれません。

しかし、文部科学省の答申を読むとわかるように、今求められる学力は子ども自身で学習が最適となるように調整する力です。ネットモラルを養うことや、web 検索をして大量の情報の中から自分に必要な情報を引き出し、真偽を確かめて使いこなすことは学校で育てていく能力になります。こうしたことから、いつまでも検索先を限定するのはよいこととは言えません。単元や場面を選びながら、子どもが自由に検索する時間をつくっていくことも必要なのです。（佐々木英明）

Q 地図帳と Google マップはどのように使い分けるとよいのでしょうか。
【社会科】

A 地図帳と Google マップを、強みで整理してみましょう。

	地図帳	Googleマップ
強み	・周辺の情報が入ってくる ・技能が身に付く ・地図帳を開く態度が身に付く	・技能の必要性が低い ・すぐに調べられる ・ストリートビューも閲覧可

紙にするか、デジタルにするか。これは、紙の辞書と、デジタルの電子辞書の使い分けに関する議論と似ているでしょう。どちらにも強みがあり、反面、弱みもあります。そうはいっても、現在の社会科学力として、地図帳の使い方、特に索引は、子どもに身に付けさせたいと考えます。

子どもは、楽な方に流れていきがちですので、強みを子どもにも考えさせ、自分で使い分けできる子どもに育てていきたいですね。（山方貴順）

Q 子どもが正しく地図やグラフを読み取っているかを見取れる方法はありますか。【社会科】

A 　ずっと座っていたいと思うのは大人だけで、子どもは案外、体を動かしたいと思っています。そのため、端末で調べた後、その画面のまま、立って教師のところに持って来させたり、子ども同士でチェックさせ合ったりと、デジタルとアナログを組み合わせることが重要だと考えます。

　また、典型的な間違いを選択肢にして、子どもに立場を決めさせることも有効でしょう。例えば「グラフから、柿の生産量のトップ３を読み取りましょう」との発問から、下の２択のうち、正しい方を選択させます。

　Ａ：１位　和歌山県、２位　奈良県、　３位　福岡県

　Ｂ：１位　その他、　２位　和歌山県、３位　奈良県

　自分の意見をもたせるために、挙手させたり、色で区別させたりすることで、子どもの読み取りを見取ることができるでしょう。（山方貴順）

Q インターネットは文章が多くて漢字も難しいのですが、どうしたらよいでしょうか。【社会科】

A 　読めないことで子どもの学習が全く進まないのなら、ふりがなを表示するのが一つの方法です。Chrome の拡張機能をインストールしたり、ふりがな入力を自動で行うサイトに URL を流し込んだりする方法があります。また、「Yahoo!きっず」でもふりがなを入力する機能は備わっています。

　また、特定のいくつかだけ読めればよいのなら、近くの子ども同士で教え合ったり、教師が教えてあげたりしてもよいでしょう。漢字辞典を使って調べさせてもよいです。

　読み方のわからない漢字について、意味を想像したり辞典で調べたりするのも大事な文字の学習ですから、いつまでも全てふりがなにしてあげるのは、子どもがわからない漢字と向き合うチャンスをなくしてしまいます。学年やその子の成長に応じて使い分けていきましょう。（佐々木英明）

Q インターネットで何でも調べられるので、社会科見学はしなくてもよいでしょうか。【社会科】

A 確かに「知識」としては検索すればすぐにわかった気になります。「ホンモノ」のスケール感や細部の質感までを見るのは教科書や資料集にはない刺激があります。AR（拡張現実）やVR（仮想現実）などの技術によって、遠隔地や立ち入れないところへの見学などが可能になり、非常に便利になりました。しかしながら、社会科見学では、「リアリティ」ではなく「リアル」をもっと大切にしていきたいです。また、社会科として大切にしたいのは、そこで働く人々の工夫や努力の「生の声」です。質問上手な子にして、インターネットにはない情報を聞き出したいです。初任の頃、先輩の先生に「き・く・こ・よ・ね」で聞いてごらんと教えていただきました。「きっかけ」「苦労」「こつ」「喜び」「願い」の頭文字です。汎用性が非常に高い質問項目なので、今でも大切にしています。（中里彰吾）

Q 共同編集機能を使って「理解が深まった」と見取れるのはどんな場面でしょうか。【社会科】

A 「そもそも」の話になって恐縮ですが、「理解が深まった」と見取れるのは、教師の目標によるでしょう。そして、その目標に沿った子どもの姿や意見を、教師がイメージできることが重要です。では例として、私の実践から下の3例を挙げます。

①論理性を身に付けさせたい。そのため、理解が深まった状態とは、自分の意見に対して、単元で学んだことを理由や根拠にしているものである。

②自分事にさせたい。そのため、理解が深まった状態とは、単元で学んだことと、自分の生活を結び付けながら意見を書いていることである。

③単元を俯瞰する態度を身に付けさせたい。そのため、理解が深まった状態とは、単元で学んだキーワードを、学習に沿ってグルーピングとラベリングができることである。（山方貴順）

Q 全体交流では端末に書き込んだことをそのまま話すので、話し合う意味がなくなると思うのですが。【社会科】

A 　端末に書き込ませたことをもとに話す際、そのまま読んでしまって話し合う意味を感じないことがあることでしょう。この改善には、二つの方法が考えられます。

　一つは、端末の書かせ方の工夫です。端末で文章に整理させたのなら、それを話す必要はないでしょう。しかし、付箋やスライドなら、短い言葉で記述させているはず。ひと目見ただけで考えのおおよそがわかることが目的だからです。足りないところを説明してもらいましょう。

　もう一つは、話のさせ方の工夫です。端末に書いた文章を「まとめて」話す、文章を読んで「感じたこと」を話すなど、書いたことを踏まえて話をさせるようにしましょう。これによって、端末の記述からさらに考えを深めるための話し合いを進めることができます。（佐々木英明）

Q 社会科の授業でロイロノートを使うとよいのはどんな場面でしょうか。【社会科】

A 　ロイロノートを使うとよいのは、２種類の共有を求める場面です。２種類の共有とは、「学習者─学習者」と「学習者─教師」です。

　前者の「学習者─学習者」に関して、級友が書いたものを、容易に閲覧することができます。また、教師の設定によって、意見だけの共有や、氏名とともに共有など、共有の度合いを変更することもできます。

　後者の「学習者─教師」に関して、子どもが書いたものを一覧にして見ることができます。また、入力された文字なのでアレンジが容易になります。これまでのように、わざわざ教師が、入力することも不要ですし、何十冊ものノートを持ち帰ることも不要です。

　紙のノートが全て、ロイロノートに取って代わられるとは思いません。メリット、デメリットを考え、うまく使い分けてください。（山方貴順）

Q 学習のまとめは手書きの方が子どもの手元に残ってよいと思うのですが。【社会科】

A そもそも覚えるために手書きするのでしょうか。大人はスマホの写真機能でメモを残したり、手帳に記録したりと自由なのに、子どもは手書きがいいというのは違和感があります。これまでの学習をアウトプットすることで情報を整理し、再度捉え直すという意味であれば、子どもがやりやすい方法でよいと考えています。授業で使った写真や地図画像を手軽に加工できるのはデジタルの良さです。問題となるのは、残した「情報」に対してどう再アクセスできるかどうかなので、デジタルでもアナログでもどちらでもよいと考えています。記憶させることに主眼を置くのであれば、「ラーニングピラミッド」の学習モデル理論を用いて考えると「他人に教える」のが学習の定着度が高いといわれています。まとめ活動の一つの手立てとして取り入れることも考えられます。（中里彰吾）

Q 社会科の授業では、Google スライドとスクールタクト、オクリンクをどのように使い分けるとよいのでしょうか。【社会科】

A スライド作成アプリの特長を踏まえ、使い分けていきましょう。

Google スライドは、入力の自由度が最も高く、見た目をよくしたいのならベストです。また、共同編集機能を使ってグループで異なるスライドに入り、図を動かすシミュレーション活動にも向いています。

オクリンクは、個と集団の活動を明確に分けることができます。調べ学習で作成したスライドを、相手を決めて送り、意見をもらうのに向いています。また、クラス全員に送ることで、スライドを同じ種類にまとめたり順番に並べ替えたりする活動にも向いています。

スクールタクトは、調べたり考えたりしている途中で周りから学び取るのに最適です。ワードクラウド機能で全体の傾向をつかむこともできます。

第1章を読んで、ぜひ特長をつかんでください。（佐々木英明）

Q 今後、社会科の授業では何を黒板に書くとよいのでしょうか。
【社会科】

A
　教室の前方中央に黒板がありますから、基本的に子どもの考えを整理するのは黒板です。子どもが話すと同時に板書し、意見を立場や視点で類分したり、話の概要だけをまとめたりすることができます。また、ノートでまとめさせたい時も、教師が同じように書いている黒板の方がよいでしょう。また、端末は、現時点では 35 人近くいる子どもの考えを整理するための自由度は決して高くありません。

　ただ、端末の方がわかりやすいものもあります。全体の考えの傾向性や写真・イラスト、グラフなどを見せたい時です。これらは、無理して黒板に同じようにまとめたり掲示したりせず、端末を見るだけでよいのです。

　黒板がもつ、「即時性」「自由度」そして、「画面の大きさ」を生かすようにしましょう。（佐々木英明）

Q 端末を家庭に持ち帰らせて、社会科としてどんな学習ができるでしょうか。
【社会科】

A
　写真撮影、これが最も社会科の宿題として必然性があります。撮影させるものとして例えば
・家にあるプラマークがついているもの
・我が家が使うごみステーション
・我が家にある火災を防ぐもの
・我が家にある地震対策グッズ
・今晩の食材（産地が書いてあるラベルを撮影）　など

　これらはいずれも、家庭での宿題だからこそ効果があり、「撮影したい」という必然性が生まれます。また「友達の家ではどうしているかな」という級友への関心も生じるでしょう。そうはいっても、プライバシーへの配慮は欠かせませんので、撮らないことも認めてください。（山方貴順）

おわりに

　令和5年5月8日、新型コロナウイルスの感染症法上の位置付けが5類へと移行され、今年からはマスクの着用義務がなくなりました。従来通りの生活ができるようになると言われていますが、果たして、本当にそうでしょうか。2年以上もマスクを着用し、ソーシャルディスタンスをとって人との接触を避けてきた人間が、急に、誰とでもひざ詰めの対話をするというのはそう簡単なことではない。そう感じるのは私だけではないはずです。

人に近づくのは怖い。けれど、近づかない訳にはいかない。

　コロナ禍で子どもたちと接していると、この人間の本性とも言える姿を見る機会が何度もありました。教室でマスクを外すのをためらったり、盛り付けられた給食を自分で取りに行ったりしながら、彼らは、休み時間になると性別に関係なく積極的にスキンシップをとっていました。手で相手の体に触れる、肩を寄せ合うなどの行為は、これまで通り自然に行われており、特に仲のよい子ども同士の間でさかんに行われていました。

　一人一台端末が実現して「個別最適な学び」が大きく前進しました。同時に、子どもが自分自身で問いをつくり、その解決に向けて調べたりまとめたりして学習を進める「子ども主体の問題解決」が一層推奨されています。しかし、子どもが自ら学びを求めて動き出すときには、デジタル端末以上に、クラスメイトや教師、保護者といった身近な人や地域のゲストティーチャーと対話し、進んで関わろうとしていました。「個別最適な学び」の場において、対話を楽しみながら他者と「協働的な学び」を進める姿は、極めて人間らしい、自然な姿と言えるのではないでしょうか。

　このように考えると、「個別最適な学び」と「協働的な学び」は対立概念ではないことが誰の眼にも明らかです。

　学習指導要領が改訂されて4年目に入り、「主体的に取り組む態度」を育むとしていた日本の教育は、「自己調整学習」へとさらに個別の学びを重視したもの

に変化し始めました。子ども一人ひとりの「問い」と「解決」のプロセスが今後ますます重視されていくことでしょう。

　本書に掲載されている 50 の ICT 活用実践には、子どもが「個別最適な学び」と「協働的な学び」を実現するための方法が目白押しです。プログラミングや動画、興味深いサイトは、子どもの学ぶ意欲に火を着け、探究心を育んでいくことができます。Google やロイロノート、スクールタクトといった共働編集機能は、子ども自身が集団の思考の傾向性をつかんだり一人ひとりの考えを読み取ったりして、周りの子どもに聞いてみたくなる気持ちを引き出すことができます。ぜひ、本書にある実践を参考に子どもの意欲を引き出していただければと願っています。

　最後になりましたが，本書の執筆を提案していただき、ご指導、ご助言をいただいた学芸みらい社の樋口雅子様、企画、編集にご協力いただいた山方貴順先生、中里彰吾先生には、長期間にわたって喧々囂々と議論を重ねる機会をいただき、大変貴重な学びとなりました。また、本書の共著者である樋渡剛志先生、清水雅代先生、土岐友哉先生、髙田正矩先生には、たいへんタイトな日程でご執筆いただきました。本書に携わっていただいた皆様に、心より感謝申し上げます。

佐々木英明

[編著者紹介]

佐々木英明（ささき・ひであき）

北海道公立小学校主幹教諭。主な著書に『社会科授業にSDGs挿入ネタ65』（分担執筆）学芸みらい社、『『～のはずなのに、なぜ？』を教材化する社会科学習』（分担執筆）東洋館出版社　などがある。

山方貴順（やまがた・たかのぶ）

奈良市立都跡小学校教諭。著書に、『見方・考え方を鍛える社会科授業デザイン』（分担執筆）明治図書、『社会科授業にSDGs挿入ネタ65』（分担執筆）学芸みらい社　などがある。

[執筆者紹介]

清水雅代　奈良県公立小学校教諭

髙田正矩　北海道公立小学校教諭

土岐友哉　北海道公立小学校教諭

中里彰吾　北海道公立小学校教諭

樋渡剛志　北海道教育大学附属札幌小学校教諭

社会科プロ発！"ICT活用"ヒント事典
〜授業アップデートのアイデア50〜

GAKUGEI
MIRAISHA

2023年7月5日　初版発行

編著者　佐々木英明・山方貴順
発行者　小島直人
発行所　株式会社学芸みらい社
　　　　〒162-0833　東京都新宿区筆笥町31番　筆笥町SKビル3F
　　　　電話番号 03-5227-1266
　　　　https://www.gakugeimirai.jp/
　　　　E-mail：info@gakugeimirai.jp
印刷所・製本所　藤原印刷株式会社
企　画　樋口雅子／協力　阪井一仁
校　正　滝山陽子
装丁・本文組版　小沼孝至

ISBN978-4-86757-029-6 C3037